Reflexões sobre a Revolução na Europa

Ralf Dahrendorf

REFLEXÕES SOBRE A REVOLUÇÃO NA EUROPA

Tradução:
Ruy Jungmann

Jorge Zahar Editor
Rio de Janeiro

CIP-Brasil. Catalogação-na-fonte
Sindicato Nacional dos Editores de Livros, RJ.

Dahrendorf, Ralf, 1929-

D129r Reflexões sobre a revolução na Europa / Ralf Dahrendorf ; tradução, Ruy Jungmann. — Rio de Janeiro : Jorge Zahar Ed., 1991.

Tradução de: Reflections on the revolution in Europe
ISBN 85-7110-187-6

1. Europa — Política e governo — 1989-. 2. Socialismo — Europa. I. Título.

CDD — 320.94
320.531
CDU — 32(4)
91-0513 321.74

Título original:
Reflections on the Revolution in Europe

Tradução autorizada da primeira edição norte-americana publicada em 1990 por Times Books, uma divisão da Random House, Inc., de Nova York, EUA

Jorge Zahar Editor Ltda.
rua México 31 sobreloja
20031 Rio de Janeiro, RJ

Capa: Tira Linhas Studio

Impressão: Tavares e Tristão Ltda.

ISBN: 0-8129-1883-5 (ed. orig.)
ISBN: 85-7110-187-6 (JZE, RJ)

PREZADO SR. J.,

Quando, ao fim de minha recente viagem a seu país, fui visitá-lo naquela ensolarada manhã de princípios de março, esperava que nos sentássemos com uma xícara de café e conversássemos um pouco sobre assuntos correntes, à maneira que os franceses, às vezes, chamam de *café de commerce*. O inverno estava estranho, não? Tempestuoso, mas suave. O "efeito estufa", sem dúvida. Na verdade, ele pode ter salvo Gorbachev. De qualquer modo, reduziu-lhe a conta de energia ... Mas o senhor nem por um momento permitiu que se começasse essa conversa sobre trivialidades. Em vez disso, cumulou-me de perguntas sobre os enigmas da Polônia e da Europa após a revolução de 1989 até que, atordoado demais, não consegui responder a nenhuma delas corretamente. Só agora, no silêncio de meu gabinente em Oxford, cercado por livros e papéis e olhando para a mistura heterogênea dos prédios do St. Antony's College, é que encontro os recursos necessários para tentar responder devidamente ao que me perguntou.

O que é que tudo isso significa e para onde caminha (queria o senhor saber)? Não estaríamos presenciando um processo de dissolução, sem que coisa alguma tome o lugar de estruturas antigas e reconhecidamente sinistras? De que modo podem emergir partidos políticos (perguntou o senhor, por exemplo), quando os antigos, de 1946 e dos anos entre as guerras, se tornaram irrelevantes e novos partidos não conseguem formar uma base social que os sustente? E por que (acrescentou o senhor quase ansiosamente) escrevera eu há algum tempo que não só o socialismo, mas também a social-democracia, estavam em vias de desaparecimento? O que vai a economia de mercado fazer com o tecido social do país? Não tornará alguns ricos, enquanto muitos ficam mais pobres do que nunca? O que acontecerá à vida cultural? Teremos de ler e assistir a produções sem valor, agora que estamos livres e não temos mais livros baratos e filmes de qualidade subsidiados? Não teriam os velhos juízes perdido toda credibilidade, ao mesmo tempo que não conseguimos encontrar outros que garantam independência e objetividade? E o que dizer da ameaça alemã? Não iremos ver uma Europa balcanizada, dominada pela única potência que está se unificando, e não se desintegrando? Estaria eu (perguntou o senhor) esperançoso, tudo pesado, no que concerne à nova Europa, ou ansioso e preocupado como muitos de seus compatriotas e, como o senhor inferia, também outras pessoas na Europa Central Oriental?

Temores e esperanças dependem, claro, de expectativas. Sua sensação de apreensão talvez seja fruto das próprias coisas que me tornam otimista. Teria eu detectado, oculta por trás de todas essas perguntas, uma visão do futuro de seu país, e de outros em situação semelhante, tão compreensível como irreal e que, por conseguinte, induz a erro? O senhor parecia imaginar uma sociedade simultaneamente limitada pelos preceitos estritos da moralidade pública e privada, e economicamente vigorosa e próspera, ao mesmo tempo dominada pelo senso de ordem e disciplina e politicamente pluralista — uma "Suécia", talvez. Note a palavra entre aspas. A "Suécia" não é a Suécia; é um sonho sem base alguma no mapa da Europa. E mais: temos que agradecer aos nossos bons fluidos não existir uma "Suécia" no mundo real, porque, se existisse, estaria localizada em algum lugar entre a Cingapura de Lee Kwan Yew — que acha difícil aceitar um único membro que seja da oposição em seu "parlamento" e impõe uma pena de 200 dólares por jogar lixo na rua — e a República de Platão, na qual os reis-filósofos providenciavam para que nenhuma dissidência surgisse já que só eles estavam de posse da verdade. A Suécia real, felizmente, é um país livre, com muito (embora, talvez, não o suficiente) do desmazelo e variedade, desorganização e heterogeneidade, conflito e mutabilidade, que permitem o florescimento de oportunidades de vida humana e de seres humanos com elas.

Suas perguntas, no entanto, merecem mais do que uma simples defesa da Suécia contra a "Suécia". Além do mais, não é meu propósito atacá-lo por suas opiniões. Como polonês, o senhor viu mais, e sentiu mais, dos caprichos deste século do que desejaríamos a qualquer pessoa. Suas opiniões merecem respeito, mesmo que delas não compartilhemos. Acima de tudo, suas perguntas merecem respostas. Logo que comecei, com dois dedos, a tamborilar na máquina de escrever, tornou-se claro que minha resposta excederia as dimensões normais de uma carta. Espero que, ainda assim, me tolere, embora haja uma inconveniência a ser enfrentada. A carta permite uma certa informalidade de estilo, de digressões, superposições e desequilíbrios de muitos tipos, que seriam menos aceitáveis em um tratado. Simultaneamente, escolhi uma posição eqüidistante (a despeito do argumento contra um "terceiro caminho" que configura o núcleo de minha resposta) e identifiquei quatro grandes seções desta missiva. Nenhuma delas se encaixa perfeitamente em um título simples, mas seria cabível descrever a primeira como tratando principalmente de revoluções e de sociedade aberta; a segunda, principalmente sobre a estranha morte do socialismo e a miragem de um "terceiro caminho"; a terceira, principalmente sobre política, economia e a estrada para a liberdade; e a quarta, principalmente sobre a Alemanha e a nova arquitetura da Europa.

Principalmente sobre Revoluções e Sociedade Aberta

A pessoa a quem o senhor dirigiu suas perguntas é uma das que, para sempre, guardarão com carinho a lembrança dos eventos de 1989. Que tempo para se estar vivo! Sim, houve lágrimas, lágrimas pungentes com o massacre da Praça Tiananmen — que brutalmente pôs um ponto final no "movimento pela democracia" de estudantes, operários e mesmo soldados na China —, lágrimas pelas vítimas da brutalidade da *securitate* em Timisoara e outras cidades na Romênia seis meses depois. Mas em sua maioria, as lágrimas de 1989 foram lágrimas de alegria. Quem poderá jamais esquecer o momento em que seu primeiro-ministro não-comunista, Tadeusz Mazowiecki, tomou seu assento na bancada do governo no Sejm, no dia 24 de agosto, parecendo ligeiramente desarvorado, expressão triste e pensativa, mas, com toda a clareza, não um ditador ou um burocrata da *nomenklatura?* Quem poderá apagar da memória o júbilo pela queda do muro de Berlim no dia 9 de novembro, com aqueles que estavam separados há 28 anos se abraçando, tendo seus antigos guardas participando das celebrações? Quem pôde conter as emoções quando Václav Havel emergiu, usando o que provavelmente eram seus únicos terno e gravata, como novo presidente da Tcheco-Eslováquia no dia 29 de dezembro? E por falar em imagens (porque foi também um ano de televisão), quem quer que tenha visto o semblante amedrontado do ditador romeno Nicolae Ceausescu durante o comício de massa organizado por seus agentes em 21 de dezembro — transformado em furiosa demonstração contra ele enquanto falava — saberá para sempre o que significa dizer que os governantes perdem a coragem antes que o povo assuma o controle.

Não há necessidade de lembrar-lhe a seqüência dos fatos naquele *annus mirabilis*, 1989. Afinal de contas, essa história memorável encontrou agora um cronista, Timothy Garton Ash, que combina em si emoção e intuição como poucos historiadores atuais antes dele. (Eu, aliás, contei com o benefício de seus conselhos ao me dispor a responder às suas perguntas). Em seu livro, *The Magic Lantern*, ele mantém viva "a revolução de '89' ", como a viu em Varsóvia, Budapeste, Berlim, e Praga. Mas teria sido realmente uma revolução? A pergunta talvez pareça retórica, de mais interesse para estudantes universitários do que para os que nela tomaram parte. O próprio Ash cunhou o termo *refolução* para os fatos ocorridos em Varsóvia e Budapeste, porque eles foram em essência *reformas* vindas de cima, em resposta à pressão pela *revolução* procedente de baixo, embora utilize livremente o termo *revolução* para o que aconteceu em Praga, Berlim, e Bucareste. Evidentemente, as mudanças trazidas pelos eventos de 1989 foram extremamente rápidas e muito radicais (o que é uma das definições de revolução). No fim do dia haviam levado à deslegitimação toda uma classe governante e à substituição da maioria de seus principais membros, bem como a uma transformação constitucional de vastíssimas conseqüências.

Na maioria das vezes, pouco importa o nome que damos aos eventos históricos. Mas, pelo menos por uma vez, o acadêmico reveste-se de considerável significação prática. Crane Brinton ensinou-nos, comparando os fatos ocorridos na Inglaterra em 1688, América em 1776, França em 1789 e Rússia em 1917, que as revoluções têm uma "anatomia" própria. Não só suas causas podem ser pesquisadas na origem, mas também o curso que assumem. Todas elas começam com uma lua-de-mel — depois de obtida, sem grande derramamento de sangue, a vitória sobre o velho regime — à medida que "o caminho é aberto para a regeneração, sobre a qual homens tanto falaram e pela qual há tanto tempo anseiam". A propósito, Brinton cita Wordsworth:

> A França no auge de suas horas douradas,
> E a natureza humana aparentemente renascendo.

Nem todos compartilharam desse sentimento, principalmente o autor sobre o qual mais teremos a dizer nesta carta, Edmund Burke. Nos países concernidos, porém, a lua-de-mel foi ocasião de regozijo. Mas também curto. Algumas das palavras de Briton parecem-nos hoje sinistras: "Nos primeiros estágios, e no momento crítico em que ocorre o teste de força, o velho regime enfrenta sólida oposição. Mas a oposição é, na verdade, composta de vários grupos, nunca é inteiramente aquela simplificação exagerada, um 'povo unido'". Isso logo se torna evidente quando começa o "governo dos moderados". A velha oposição esfacela-se; jamais consegue realmente combinar a tarefa de construir uma nova constituição com a de governar; alguns radicais começam a alegar que os moderados traíram a revolução e não estão indo longe o suficiente. Fracassando os moderadores em controlar a situação, os extremistas acham que chegou sua hora. Constituem minoria, mas são organizados e aptos para a luta. No fim, derrubam os moderados ineficientes e começam os "reinos do terror e da virtude". Reinos terríveis. Quando o Termidor põe um fim aos mesmos — quando a queda de Robespierre em julho de 1794 levou a condições mais "normais", embora dificilmente muito mais satisfatórias, isto é, a Napoleão — as sociedades chegaram aos limites de sua resistência. Ditadores assumem o comando em um ambiente de declínio, destruição e desmoralização.

Foram muitos os que perguntaram se a sombria análise de Crane Brinton aplicava-se também às "suas" revoluções e, sobretudo, à "Revolução Gloriosa" na Inglaterra e aos atos revolucionários que criaram os Estados Unidos da América. De forma eloqüente, Edmund Burke argumenta que todo o objetivo de 1688 foi impedir uma revolução como a de 1789 na França, e George Washington dificilmente seria um Napoleão, muito menos um Stalin. Alguns paralelos de anatomia são, porém, inconfundíveis em 1989 e 1990. Durante algum tempo, ainda que às vezes por um espaço curto, grupos de oposição, como o Solidariedade, na Polônia, o Foro Cívico, na Tcheco-Eslováquia, e mesmo o Ecoglasnost, na Bulgária, e o Comitê de Salvação Nacional dos primeiros dias na Romênia foram internamente unidos. Queriam substituir o velho regime, e isso conseguiram. A lua-de-mel, porém, não durou. Não podia durar. Uma vez desaparecido o inimigo comum, divisões mais normais emergiram na até então unida oposição, tais como a industrial e a rural Solidariedade e outros grupos de coloração cristã-democrata e nacionalista, ou os partidos políticos que surgiram ao lado do Foro Cívico, na Tcheco-Eslováquia, e o Novo Foro, na Alemanha Oriental. Além do mais, a ascensão súbita ao poder muda a aparência das coisas. O governo requer talentos diferentes dos que são característicos da oposição, e mesmo virtudes diferentes, uma "ética de responsabilidade" prática, em vez de pura "ética de convicção". Agravando ainda mais a situação, a eliminação do velho regime deixa um vácuo. Ao contrário dos vencedores de uma eleição democrática, os líderes revolucionários têm que começar do nada. Procurar obter legitimidade em eleições e aceitar certos pesos e contrapesos é muito bom, mas, com o desaparecimento do monopólio do partido, toda a estrutura do governo entra em colapso. Quem demite e nomeia servidores em todos os níveis e como devem ser escolhidos os novos nomeados? De que modo devem ser estabelecidos os impostos? De que modo será implementada a nova política de propriedade? De que modo os novos currículos devem chegar a todas as escolas do país? O senhor levantou a questão de saber o quê tomaria o lugar das estruturas desmanteladas de ontem e a resposta é que, para começar, pouco mais há do que entusiasmo e esperança.

Brinton mostra-se um pouco duro com os moderados que assumem o poder durante a lua-de-mel revolucionária. O fracasso deles, argumenta, não é tanto uma tragédia como culpa deles mesmos, que não têm a coragem de suas convicções. "Usaram palavras grandiloqüentes e frases grandiosas para consolo e alegria de seus ouvintes e de si mesmos. Mas não acreditavam nelas como os radicais acreditavam, não tinham intenção de levá-las às suas conclusões lógicas na ação." Por alguma razão, isso não parece ser a verdade no tocante ao Presidente Havel ou ao seu próprio primeiro-ministro e ministro de finanças, Leszek Balcerowicz. Não obstante, o colapso do centro é característico de vários países pós-comunistas na Europa. Alijaram o partido monopolista, a polícia de segurança, as reivindicações da *nomenklatura* e, claro, a ameaça sempre presente de intervenção soviética, mas, com poucas exceções, não puderam colocar em seu lugar pouco mais do que boas intenções. Como resultado, voltam à tona velhas rivalidades regionais, étnicas, religiosas e novas clivagens ameaçam fender a unidade de propósito que ocasionou a mudança.

A democracia, no sentido de pedir às pessoas que decidam, não preencherá esse vácuo. "Nós, o povo" pode levantar-se contra um regime abominável de exploração e repressão, mas "nós, o povo" não pode governar. A ilusão democrática de que há essa coisa de governo pelo povo sempre foi um convite a usurpadores e a novos monopólios. Cuidado com os erros de uma geração anterior, que incluiu homens como Robert Michels! Ele era um dos que acreditavam que o socialismo mudaria tudo, incluindo o governo de muitos por poucos. Mas descobriu que os partidos socialistas tinham tanta probabilidade de gerar minorias governantes como todos os demais partidos. Em seu desalento, formulou (em 1911, aproveitando fartamente um trabalho anterior de Ostrogorski) a "lei de ferro da oligarquia": "Quem diz organização, enuncia uma tendência para a oligarquia." Como resultado, Michels, inicialmente, desesperou-se com os partidos socialistas, em seguida, com a natureza humana e, por último, sucumbiu ao culto fascista do líder, ainda que da variedade Mussolini, como uma forma de escape. Há verdade na "lei de ferro", mas não razão para desespero. O importante é controlar e equilibrar os grupos governantes e substituí-los, de tempos em tempos, por meios pacíficos, tais como eleições. Mais do que isso, tais grupos são necessários. A democracia é uma forma de governo, não um banho a vapor de sentimentos populares. Ela precisa tanto dos que lideram como dos que põem fim a aparentes erros de política e à arrogância do poder.

Era claro que a euforia de 1989 cederia lugar a um estado de espírito mais sóbrio em 1990. Fender e derrubar o muro e vender os pedaços por moeda forte constitui uma experiência maravilhosa e mesmo lucrativa, mas construir uma nova cidade exige tempo e um pesado tributo de emoções, energias e recursos. Além do mais, conforme mostra a história, há riscos. Guiar um carro em uma estrada coberta de gelo é perfeitamente normal enquanto ela for reta como uma régua e o motorista não mudar de marcha. Podemos guiar em alta velocidade, na verdade, e a revolução de 1989 não reconheceu qualquer limite de velocidade. Agora, porém, encontramos curvas e condições cabulosas de tráfego e temos que mudar de marcha. E isso requer uma perícia incomum para que não guinemos para os lados, choquemo-nos com outros motoristas ou sejamos jogados inteiramente para fora da estrada.

Mas permita-me silenciar essas dúvidas por um breve momento e notar as vantagens criadas por 1989. Uma delas, em particular, merece atenção porque, sem ele, eu não poderia nem mesmo ter iniciado esta carta. Foi chamada de reunificação da linguagem. Ouvi André Fontaine, o ponderado diretor do *Le Monde*, falar das três unificações que estamos experimentando: a reunificação da Alemanha, que, sei, é para o senhor mais uma dor de cabeça do que uma satisfação; a reunificação da Europa, que é fundamental para minhas respostas às suas perguntas; e uma "reunificação em nossa linguagem". Fontaine lembra-nos a "retórica vazia do passado", os muitos diálogos de surdos, a troca de lugares-comuns em negociações políticas, conferências eruditas e mesmo encontros pessoais. Ele poderia ter falado também das absurdas comparações traçadas entre sistemas: Você não tem censura, mas nós não temos desemprego. Os direitos sociais compensam a ausência de direitos políticos. Todo esse jargão é, de repente, varrido para longe pela luz do dia, como se fosse um pesadelo. Fontaine fala de um seminário Oriente-Ocidente com o comparecimento de dissidentes, *émigrés*, e alguns que permaneceram em suas academias e institutos, "e todos eles usaram as mesmas palavras e conceitos e falaram das mesmas coisas".

A reunificação da linguagem encerra, numa cápsula, a história que precisa ser contada. Dois sistemas baseados em duas maneiras de encarar o mundo precisavam de duas linguagens. De que maneira George Orwell criou a Novalíngua? "a finalidade da Novalíngua", escreveu ele em 1984, "era não só prover um meio de expressão para a visão mundial e hábitos mentais apropriados aos devotos de Ingsoc (a ideologia reinante), mas tornar impossíveis todos os demais modos de pensamento." Aceitando-se que o outro lado usasse seus próprios conceitos e frases, os dois sistemas seriam estabilizados. Enquanto as duas linguagens resistissem, nada mudaria. Acostumamo-nos ao fato de que mesmo idéias acalentadas, como democracia ou direitos humanos, têm significados diferentes nos dois lados da Cortina de Ferro. Tentava-se ler nas entrelinhas, escutava-se à procura da mais leve nuança, a fim de detectar sinais de mudança, faziam-se passeios na praia ou mesmo em bosques, mas, em geral, o máximo que emergia era uma declaração conjunta formal. A distância tinha que ser enfatizada. Pessoas lêem meus livros mas nunca os comentam sem me chamar de "autor burguês" e muitos neste lado de cá da cerca julgam necessário aplicar epítetos análogos a autores do outro lado. De repente, tudo isso desapareceu. Encontramo-nos e conversamos como o faríamos em qualquer lugar. Podemos precisar de intérpretes, mas não do que Orwell chamou de "tradução ideológica". Isso significa que a linguagem não serve mais para estabilizar dois sistemas. A conversa, a discussão, podem realmente mudar opiniões. Ingressamos numa era de mudança. Um pavoroso muro caiu e está sendo inteiramente removido.

Como teria isso acontecido? Por que ocorreu a revolução? E por que teve lugar em 1989? Muitas razões podem ser sugeridas, algumas próximas, outras remotas. "Foi preciso uma geração que não soubesse que isso não podia ser feito", disse um de seus compatriotas em um elegante paradoxo. Pessoas mais velhas haviam ficado desanimadas com as experiências de 1956 e 1968 e com outras revoltas menores. Os jovens fizeram uma tentativa porque não se deram conta de que era impossível desalojar regimes e, assim, derrubaram-nos. Todos os países da Europa Central Oriental têm história e cultura políticas próprias. Uma das delícias de 1989 é a redescoberta dessas diferenças. Por isso mesmo, cada país merece uma explicação própria. Não obstante, depois que tudo é dito e feito, é possível formular um argumento que se aplica a todos os países comunistas da Europa.

O primeiro tem um nome — Mikhail Gorbachev. O senhor talvez se pergunte por que não o mencionei desde o primeiro parágrafo desta carta. Uma das razões é que a casa européia que o senhor e eu queremos transformar em nosso lar comum termina onde começa a União Soviética, ou o que quer que venha a sucedê-la. Esta é uma declaração importante e sua justificação precisa ser feita. Não é minha intenção depreciar o papel desempenhado por Gorbachev nos eventos de 1989. Eles não teriam acontecido, e da forma particular que assumiram, não fossem o presidente da União Soviética e o enfoque notável com que ele os abordou. No que interessa à Europa Central Oriental, a situação foi sumariada à perfeição nas palavras do porta-voz do Ministério do Exterior de Gorbachev, Gennady Gerasimov. No dia 25 de outubro de 1989, ao ser perguntado se a União Soviética ainda seguia a Doutrina Brezhnev, que ameaçava aliados recalcitrantes com intervenção militar, Gerasimov respondeu formulando (seria inspiração do momento?) a Doutrina Sinatra: "Sinatra tinha uma canção, 'Fiz à minha maneira...' (*'I did it my way'*)". A canção de Sinatra era, na realidade, uma musiquinha triste sobre a "fala final" de um velho quando "o fim está próximo", mas deixa pra lá. Eles o fazem à sua maneira. E dois aspectos disso são relevantes. O primeiro é que o exército soviético não intervirá mais quando seus aliados tomarem caminhos próprios; o segundo é que o partido soviético não insistirá no monopólio do Partido Comunista nesses países. Na verdade, isso significa a liberação dos satélites para que assumam a independência (embora, melancolicamente, isso não se aplique da mesma maneira às repúblicas bálticas ou a outras regiões da União Soviética).

O que teria levado Gorbachev a seguir essa linha de ação? O que, na verdade, o condiciona? O Professor Archie Brown, um homem que acompanha a carreira de Gorbachev desde seus primeiros estágios, e que previu sua importância excepcional mesmo antes de ele tornar-se secretário-geral, examinou várias teorias a esse respeito. É bem verdade, reconhece, que Gorbachev aprendeu no cargo, e com grande rapidez; é também verdade que ampliou sistematicamente seu poder, mesmo que, indubitavelmente, fosse levado pelos fatos. O fato crítico, contudo, é a estrutura de sua mente: "Uma das características mais importantes de Gorbachev é uma mente relativamente aberta . . . Gorbachev é o líder mais pragmático da história soviética, mas isso não significa que seja um homem sem princípios. A União Soviética de hoje — com todos seus problemas — é uma sociedade muito mais aberta do que o país cuja liderança ele herdou. E essa foi, pelo menos, a direção em que quis que ela se desenvolvesse." Não seria um exagero dizer que Gorbachev é, acima de tudo, um abridor de portas até então fechadas. Tem a esperança de que aqueles que as cruzam terminem onde ele quer, provavelmente em algum tipo de "socialismo democrático", mas, antes de tudo, quer escancarar a porta para um futuro aberto.

A Doutrina Sinatra realiza exatamente isso. Ela me lembra a doutrina liberal de Frederico, o Grande, da Prússia, no século XIX: *Ein jeder soll nach seiner Façon selig werden* — Que cada um encontre suas bênçãos à sua própria maneira. Alguns escolheram o caminho católico, outros, o protestante, alguns, o judaico ou mesmo o agnóstico. Na Europa Central Oriental, o primeiro passo consistiu em abandonar o monopólio do Partido Comunista e estimular alternativas políticas. Essa foi, na verdade, a revolução de 1989, da qual numerosos outros fatos decorreram.

Por que haveria pressão tão forte para desalojar o partido do Estado de sua posição monopolista? Porque — e este é o segundo ponto unificador — o comunismo nunca funcionou. Na Europa Central Oriental pelo menos, foi um regime imposto, de repressão, que, desde o começo, deu origem à resistência e a conflitos violentos. Os levantes de 1953 na Alemanha Oriental, de 1956 na Hungria, de 1968 na Tcheco-Eslováquia, e de 1980 na Polônia não foram simples episódios, mas, em todos os casos, protestos contra o que agora se transformou no velho regime. Esta, além do mais, não é uma descoberta feita depois do fato. Poucos previram a espetacular seqüência de mudanças ocorridas em 1989, embora muitos esperassem que acontecessem em algum ponto do tempo. Em meu livro, *Class and Class Conflict in Industrial Society*, escrevi em 1959 que "uma tendência para conflito violento e mudança súbita acompanha os países totalitários em todas as fases de seu desenvolvimento." O conflito pode ser reprimido. A repressão pode mesmo ser bastante eficaz se são criadas certas válvulas de segurança (referi-me à freqüência das "reuniões" e "discussões" e aos mecanismos de mobilização nos países comunistas, como exemplos). Mas, no fim, ela fracassará. "A repressão derrota seus próprios fins: os governos totalitários estão correndo o 'perigo' de serem violentamente derrubados na medida em que recorrerem à repressão como meio de enfrentar o conflito".

Isso explica a Romênia de Ceausescu, embora não necessariamente os demais países da Europa Central Oriental. Após passar um ano na União Soviética, Ernest Gellner identificou um dilema peculiar para a ideologia da *perestroika* de Gorbachev. Na medida em que qualquer ideologia ainda é eficaz, a linha oficial consiste em manter fidelidade à Revolução de Outubro e à herança de Lenin como "ortodoxia legítima". Não obstante, os primeiros anos da União Soviética foram seguidos não por uma, mas por duas "usurpações e perversões". "A primeira delas", nota Gellner, "foi naturalmente o stalinismo e o culto da personalidade, com sua arbitrariedade total. A segunda foi o período de estagnação, assinalado pela rigidez burocrática, a corrupção, o cinismo, e ainda destituído de democracia e império da lei, mesmo que não tão maciçamente culpado pelos excessos stalinistas". O stalinismo e o brezhnevismo são, em outras palavras, diferentes. O primeiro bem que pode ser denominado de totalitário; está vinculado a um único líder e a seus caprichos e inicia uma revolução permanente, uma campanha de terror e um caminho que leva à catástrofe. O outro, contudo, é autoritário. Seu símbolo é a *nomenklatura*, cujos interesses adquiridos levam-na a explorar o resto da sociedade, com o risco da estagnação e da decadência. A repressão serve para cimentar o poder desse grupo governante muito grande que, com suas famílias e agregados, pode muito bem ter compreendido quase 10% da população nos países comunistas. Mas, ao contrário do totalitarismo, esse governo autoritário não exige um regime de terror ou mesmo mobilização permanente. Se cala a boca e se retira para seus nichos de privacidade, ao mesmo tempo fazendo o que lhe é exigido, o povo será empurrado de um lado para o outro e, às vezes, fustigado, mas não será perseguido com a arbitrariedade sistemática do governo totalitário.

O governo totalitário gera violência, mas a estagnação, no fim, leva também a mudanças incontrolavelmente rápidas e radicais. Quando escrevi *The New Liberty* em 1975, argumentei que revoltas e levantes "são endêmicos a sociedades nas quais os que se encontram na base das hierarquias sociais, incluindo os trabalhadores, não estão em melhor situação do que em qualquer outro lugar, o lugar do capital é ocupado por uma nova classe de burocratas políticos, e o dos litígios salariais e greves, eleições e mudanças de governo por procedimentos complexos de adaptação a contragosto, sempre passíveis de colapso". Sem válvulas de segurança (argumentei na época), conflitos latentes forçosamente se tornarão manifestos, especialmente se cessa a expansão, o crescimento econômico. Treze anos depois, apenas alguns meses antes do início da revolução de 1989, escrevi novamente, no *The Modern Social Conflict*, que "a mistura pesada de autocracia e burocracia" que chamamos de "o socialismo realmente existente" não pode durar. "Para a maioria, o socialismo realmente existente é uma forma bastante pura daquilo que finge ter superado, a exploração, mas é um regime suficientemente incompetente em assuntos econômicos que faz o possível para que não haja muito a explorar." Há um outro livro que, infelizmente, não escrevi, embora já fosse objeto de meus pensamentos em meados da década de 1970. Devia intitular-se *Nineteen Eighty-nine* (1989), e teria demonstrado que até mesmo o mundo de *1984* de Orwell não poderia perdurar. Gostaria de tê-lo escrito, embora arrancar Winston Smith dos caninos do Irmão Mais Velho fosse ainda mais difícil do que arrancar os intelectuais romenos da *securitate* de Ceausescu.

Isso nos leva à terceira linha de explicação dos fatos de 1989. Gorbachev abriu a porta, conflitos reprimidos teriam que explodir e a estranha história da década de 1980 forneceu o fósforo, de queima lenta, ao barril de pólvora. Um jornalista italiano perguntou-me: "Por que a década mais anti-social da história recente tornou o Ocidente tão atrativo para o Oriente?" Há muita coisa errada nessa pergunta, mas é verdade que os países ricos do mundo passaram por uma década de espetacular crescimento econômico sem dar muita atenção àqueles que eram desprivilegiados ou fracos demais para subirem para bordo. A maioria saiu-se muito bem nesses anos, mais em alguns países do que em outros, mas, em grau notável, na Europa Ocidental, América do Norte e Japão.

Um aspecto desse recrudescimento é tão importante de seu ponto de vista quanto do nosso. A Europa recuperou, mais uma vez, a autoconfiança. Há não muito tempo, todo mundo falava no "Eurodesânimo", "Europessimismo" e "Euroesclerose". As pessoas mostravam-se dispostas a considerar como perdido o velho continente. Mas, de alguma maneira, quase miraculosamente — ou teria sido isso obra do presidente da Comissão Européia, Jacques Delors, e da Lei Européia Única? — a idéia e a realidade da Europa voltaram a decolar. A Comunidade Européia definiu para si mesma um novo objetivo, a consecução de um único mercado até fins de 1992, que corporifique as "quatro liberdades" do movimento de bens, serviços, capital, e pessoas. Com o novo objetivo, o estado de espírito mudou e as pessoas começaram a falar sobre horizontes mais distantes — união econômica e monetária e cooperação mais estreita nos campos da política externa e da defesa.

Tudo isso foi, em parte, uma resposta à nossa própria versão ocidental de brezhnevismo, a estagnação ou, pior ainda, a estagflação, da década de 1970. Mancur Olson, que escreveu sobre essa situação em *The Rise and Decline of Nations,* acreditava que só a guerra ou a revolução poderiam tirar-nos do atoleiro. No caso, os governos neoliberais de esquerda e direita realizaram a proeza, considerando que jamais se podem julgar governos como responsáveis pela mudança econômica. A década de 1980 presenciou o renascimento do empresário, com todas suas qualidades criativas e destrutivas.

Foi alto o preço desse novo milagre econômico e, como os senhores podem ter ainda que pagá-lo, juntamente conosco que vivemos nas partes mais afortunadas da Europa, vale a pena mencioná-lo. Parte do preço é, realmente social. Na maioria dos países do Ocidente, emergiu uma subclasse de indivíduos há muito desempregados ou continuamente pobres — uma viva acusação aos nossos valores, se não uma ameaça ao tecido de nossas sociedades. O custo mais alto, contudo, poderá ainda vir a ser parcialmente econômico e, até certo ponto, moral. A década de 80 foi, na frase de Susan Strange, uma década de "capitalismo de cassino". Dinheiro era gerado por dinheiro e não pela criação de riqueza duradoura. Os movimentos de ações nas maiores bolsas, por exemplo, pouca relação tiveram com crescimento real, e os estouros de 1987 e 1989 foram na maior parte caprichosos. Além do mais, a dívida pública e privada alimentou grande parte do crescimento. Nos Estados Unidos, o resultado já se tornou grande motivo de preocupação pública. Nada disso acrescentou coisa alguma à integridade moral e ao poder das sociedades ocidentais. A cobiça, a fraude e o interesse de curto prazo substituíram, com uma freqüência grande demais, a poupança, o negócio honesto e a perspectiva a prazo mais longo, para nada dizer da preocupação com os semelhantes.

O Ocidente, por conseguinte, não é, de maneira nenhuma, tão rosado como o senhor tendeu a pintá-lo quando conversamos. Mas agora, descobre-se que a década de novo crescimento em nosso mundo foi, no seu, de estagnação contínua e mesmo de declínio. Os dados numéricos disponíveis sobre as condições econômicas são praticamente inúteis. Sabemos agora que não houve, e ainda não há, contabilidade nacional apropriada nos países comunistas. Além do mais, agências estatísticas internacionais foram crédulas demais na aceitação de informações fabricadas por governos. A República Democrática Alemã certamente não era, nem de perto, tão avançada quanto fomos levados a acreditar. A razão de seu produto interno bruto per capita em relação ao da República Federal da Alemanha não era, como sugeriram algumas estatísticas, de 1 para 2, mas, com maior probabilidade de 1 para 5, na verdade de 1 para 7. Não obstante, até mesmo os números oficiais relativos aos seis países da Europa Central Oriental mostram um quadro bastante desolador no tocante aos anos 1980-88, com lento crescimento das exportações e crescimento ainda mais lento das importações, alto endividamento em muitos casos e um PIB per capita modesto, para nada dizer dos salários reais.

O que não sabíamos antes de termos reunificado a linguagem (embora pudéssemos ter sabido, caso houvéssemos dado ouvidos a algumas das vozes independentes "da clandestinidade") era a extensão da degradação física, social e moral dos países da Europa Comunista. A impressão que se tem é que uma *nomenklatura* cada vez mais preocupada espremeu cada tostão de seus países, sem investir no futuro ou mesmo importar-se com as necessidades elementares do povo. Permitiu-se que o estoque de residências caísse tragicamente. Os serviços públicos precisam hoje de vastas somas para reparos, se é que não para uma completa reconstrução. Descobriu-se que os muito gabados serviços sociais são primitivos e ineficientes. E tudo isso foi acompanhado pelo que George Kennan chama de uma "cultura de fingimento". Embora ninguém mais acreditasse na ideologia estatal, ela era ensinada nas escolas e milhões ficavam expostos à chuva ácida, dia triste após dia desolado, de uma Novalíngua que envelhecia. Certamente, como observa George Kennan, "quando um dado regime não consegue mais subsistir sem recorrer a um fingimento amplo, que compartilha com seu povo controlado, sendo o artificialismo desse fingimento inteiramente claro para ambos os lados, então sua queda final tem que ser considerada como inevitável e provavelmente iminente, mesmo que ninguém possa dizer quando e como ela ocorrerá".

Nas décadas de 1950 e 1960, os países do Ocidente cresceram muito e rapidamente, e os do Oriente muito mais lentamente, mas todos na mesma direção. Na década de 1980, tomaram direções opostas, até que o contraste tornou-se insustentável. Quanto mais desmoralizados os europeus orientais se tornavam, mais atraente parecia a confiança recém-encontrada da Europa Ocidental. Quanto mais as condições da vida pública e privada se deterioravam no Leste, mais melhoravam no Oeste, e o povo sabia disso. Ninguém precisa ser marxista para prever problemas em uma situação desagradável como essa. Quem quer que assistisse à televisão do Ocidente sabia que existiam forças produtivas para uma vida melhor, na verdade existiam na casa do vizinho. Já era, assim, mais do que oportuno transformar o modo de produção comunista e toda a superestrutura que sobre ele se assentava. A revolução não podia estar muito distante. E ela aconteceu em 1989.

E que fez ela? O senhor não formulou essa pergunta. Talvez presumisse que ambos sabíamos a resposta. Afinal de contas, ela nos fez falar uma língua comum. Mas forçosamente deveria haver mais alguma coisa nessa revolução para levar às ruas centenas de milhares de pessoas. Com certeza, ela mudou a maneira como encaramos o mundo e, provavelmente, no seu desenvolvimento, o balanço real de poder. Durante décadas, temos falado no Primeiro, Segundo e Terceiro Mundos. Achávamos que o Primeiro e o Segundo competiam com o Terceiro, ou pelo menos pelos seus votos nas Nações Unidas, uma vez que nem capitalistas nem comunistas fizeram lá grande coisa pelos que foram deixados para trás pelo desenvolvimento econômico. O próprio conceito de um Terceiro Mundo pressupõe dois outros. Um deles praticamente desapareceu hoje de cena. Sobrou um único mundo com sérias pretensões ao desenvolvimento e à hegemonia (como Fidel Castro e uma ou duas outras relíquias do passado descobriram para desalento seu). O Primeiro e o Segundo Mundos estão sendo reunidos em algo que ainda não tem nome nem número. Será simplesmente o Mundo.

Em decorrência desse processo, um equilíbrio complicado, ainda que dúbio, foi perturbado. Havia a Comunidade Européia (ou talvez os 24 membros da Organização de Cooperação e Desenvolvimento Econômico - OCDE) de um lado e o Comecon, do outro. A OTAN tinha seu oposto no Pacto de Varsóvia, a República Federal Alemã na República Democrática Alemã. Nada disso existe mais ou, de qualquer modo, perdeu sua força. Um velho sistema de coordenadas precisa ser ajustado. Essas mudanças são indubitavelmente importantes. Ainda assim, não respondem à pergunta sobre o que a revolução na Europa realizou, além de desmantelar as estruturas de ontem. Quando alguns de nós discutimos esse assunto, o historiador francês François Furet observou: "A despeito de todo esse espalhafato e barulho, nem uma única idéia nova surgiu na Europa Oriental em 1989". Em seu trabalho erudito, Furet esvaziou as interpretações mais hiperbólicas da Revolução Francesa. Por isso mesmo, não é talvez de surpreender que tente fazer o mesmo com a que aconteceu na Europa. Mas não deixa de ter um argumento. No âmago, a revolução européia de 1989 foi a rejeição de uma realidade intolerável e, como vimos, insustentável, e pelo mesmo motivo foi uma reafirmação de velhas idéias. A democracia dificilmente foi inventada na Europa Central Oriental em 1989, tampouco o pluralismo. Timothy Garton Ash observa que, por algum motivo, o comunismo "não conseguiu envenenar as palavras 'cidadão' e 'cívico' ", e que a cidadania e a sociedade civil são, por isso mesmo, faróis da nova marcha para a liberdade. Ainda assim, não são exatamente idéias novas.

Mas precisamos, de fato, de novas idéias para tornar real uma revolução? Afinal de contas, até que ponto eram novas as idéias das revoluções francesa e americana? Não foram originais, para sermos exatos. Podemos sempre, na história, remontar à origem das idéias. As duas revoluções, porém, puseram em movimento o conflito moderno criativo entre aqueles que buscam mais direitos e os que querem mais provisões, os advogados da cidadania e os advogados do crescimento, que entre si (e às vezes juntos) servem para aumentar as oportunidades de vida de todos. A revolução na Europa não é sobre uma nova idéia, nesse sentido. Muito ao contrário. Garton Ash disse isso muito bem: "As idéias cujo tempo chegou são velhas, muito conhecidas, bem experimentadas. (O que passou foi o tempo das novas idéias.)" E, entre todas as idéias bem experimentadas, a mais importante é a descoberta fundamental da modernidade, a sociedade aberta. Os seres humanos são falíveis e é incerta a condição humana. Ninguém conhece todas as respostas. De qualquer modo, ninguém pode dizer se as respostas oferecidas são certas ou erradas. Por conseguinte, temos que tentar descobrir a verdade, mas providenciar para que, se errarmos, ou pensarem que erramos, seja possível tentar novamente. Não há maior perigo para a liberdade humana do que o dogma, o monopólio de um único grupo, de uma ideologia, de um sistema. Pelas mesmas razões, o maior desafio consiste em manter nossos negócios abertos para a mudança. A sociedade aberta não promete vida fácil. Na verdade, os seres humanos sentem uma perigosa inclinação para o aconchego de um mundo fechado. Mas se queremos seguir em frente, melhorar a nós mesmos e as condições em que homens e mulheres vivem neste planeta, temos que aceitar a perspectiva desorganizada, antagonística, incômoda, mas orgulhosa e estimulante de horizontes abertos. Karl Popper resumiu tudo isso quando disse: "Podemos voltar aos animais. Mas se queremos continuar humanos, só há um caminho, o caminho para a sociedade aberta".

Durante a II Guerra Mundial, Popper escreveu *The Open Society and Its Enemies*, lançado em 1945. Um colega seu que emigrou também da Áustria para a Grã-Bretanha, Friedrich von Hayek, escreveu e publicou *The Road to Serfdom* mais ou menos na mesma época. Recomendo-lhe a leitura desses livros, se não por outros motivos porque os eventos de 1989 assinalaram o fim de uma história que começou na agitação de esperança e desespero após 1945, quando alguns perceberam a oportunidade de abertura e outros sucumbiram à servidão. Ambos os autores continuam vivos e vêem os frutos de seu trabalho. Conhecem-se os dois desde os primeiros dias (algo talvez surpreendente para aqueles que não conhecem bem o grande lugar) e são ambos ex-professores da London School of Economics. (Na verdade, Hayek contribuiu para liberar Popper de seu exílio na Nova Zelândia e trazê-lo para a LSE, com base na leitura do manuscrito de *The Open Society*.) Embora pareçam irmãos, são na verdade muito diferentes. Hayek apresenta a tendência fatal de sugerir outro sistema em oposição ao socialismo. É um sistema passivo, para sermos exatos, mas completo em si e intolerante para com realidades desorganizadas. Voltarei logo a esse sistema porque muitos de seus compatriotas, não poucos tchecos e até mesmo mais húngaros, foram conquistados por Hayek. Popper, ao contrário, é um defensor radical da liberdade, da mudança sem sangue, do experimento e do erro, e também de uma marcha ativa para o desconhecido e, destarte, de pessoas que tentam planejar seu destino. Esta epístola presta homenagem antes a Popper do que a Hayek.

O que mais pode ajudar na atual e difícil situação da Europa? A quem recorrer em busca de iluminação? Muitos compararam os fatos de

1989 com os de 1848, quando uma grande onda de sentimento democrático liberal varreu os países da Europa, parlamentos surgiram, velhas suposições foram contestadas e se exploraram novos horizontes. Infelizmente, o episódio teve curta duração e seguiram-se décadas de reação. Dois grandes autores ligados a essa época são, naturalmente, Alexis de Tocqueville e Karl Marx. Nenhum analista dos fatos sociais e políticos pode ignorá-los. Ainda assim, eles são estranhamente inúteis hoje. Talvez isso aconteça porque nenhum dos dois viveu realmente em seu próprio presente. De Tocqueville estava tentando chegar a um entendimento com a revolução que desalojara sua classe em 1789, ao passo que Marx sonhava eternamente com a revolução futura que corrigiria tudo. Quando se trata de ação, de Tocqueville pouco mais tem a ensinar do que uma espécie de realismo heróico que aceita com graça o inevitável, enquanto o ensinamento de Marx fracassou em 1989, se é que não muito antes.

Acho que seria melhor retroagir à década de 1780, às lições das grandes transformações ocorridas naquela época. Como manual de democracia liberal, *The Federalist Papers* não tem competidor. Há muito também a aprender com o exemplo prático da independência americana em matéria de liberdade e elaboração de uma Constituição que dura há mais de 200 anos. Alexander Hamilton tem mais conselhos úteis a dar sobre o império da lei, e James Madison sobre a sociedade civil (bem como sobre muitos outros assuntos) do que a maioria, se não todos os autores modernos.

E há também Edmund Burke que, em 1790, escreveu seu *Reflections on the Revolution in France* em forma de "carta cuja intenção era a de ter sido enviada a um cavalheiro em Paris". Ele contava na época com pouco mais de 60 anos e tivera uma carreira pública ilustre, embora ocasionalmente controvertida. A Revolução Francesa mal completara um ano e o governo dos moderados permanecia quase intacto. Ele nada podia saber do Terror, do Termidor, da ascendência de Napoleão, que ocorreriam nos cinco anos seguintes. A despeito de algumas analogias superficiais, Burke pode, de início, parecer um padrinho pouco recomendável para esta carta. Ele travou a grande polêmica contra a destruição da era do cavalheirismo; esta minha carta é uma ode à sociedade aberta. Burke escreveu motivado pelo desalento e pelo nojo com que via os fatos em França; escrevo inspirado por um senso de deleite e esperança, à vista dos fatos ocorridos na Europa,

Ainda assim, compartilho das convicções básicas do grande Liberal que, treze anos antes, apoiara a Revolução Americana em seus discursos no parlamento e em sua *Letter to the Sheriffs of Bristol on the Affairs of America*. Burke era um defensor da sociedade civil ("Se a sociedade civil é criada para vantagem do homem, todas as vantagens para as quais é criada tornam-se direito seu"); aceitava o desalinho da realidade ("A natureza do homem é intrincada; os objetos da sociedade são da maior complexidade possível; por conseguinte, nenhuma simples disposição ou direção do poder podem ser apropriadas para a natureza do homem ou para a qualidade de seus negócios"); abominava os propugnadores de sistemas, de transformações totais ("Com eles, é guerra ou revolução, ou nada é"); e defendia a aproximação mais estreita de uma sociedade aberta para a época, a Constituição inglesa.

A diferença entre a carta de Burke ao cavalheiro em Paris e minha carta ao senhor em Varsóvia é tanto no que tange à natureza dos fatos em jogo quanto ao temperamento político dos autores. Burke não queria que a Constituição da Inglaterra fosse destruída pela importação do dogma da Utopia. Era contra o caráter absoluto, totalitário, do que via em Paris. Eu me delicio com os sinais de abertura por toda a Europa que, muito longe de serem uma ameaça às Constituições de liberdade britânica, francesa e alemã, reafirmam-lhe os princípios e apelam a nós, europeus mais afortunados, para tentar ajudar — ajudar a compreender o que está acontecendo e mesmo ajudar a lançar os alicerces da sociedade aberta.

O *Road to Serfdom* de Hayek foi um livro surpreendentemente sombrio, considerando as promessas de um mundo que estava prestes a esmagar o flagelo do nazismo. Hayek, porém, não encarava as coisas dessa maneira. Pensava que a Grã-Bretanha corria o perigo de adotar a ideologia do inimigo derrotado. Durante dois séculos, idéias haviam emigrado da Grã-Bretanha para o Leste (disse ele), mas, nesse momento, ventos de socialismo que sopravam do Leste prevaleciam no mundo das idéias, e "socialismo significa escravidão". "A ascensão do fascismo e do nazismo", advertia ele, "não foi uma reação contra as tendências socialistas do período precedente, mas uma conseqüência necessária delas". Essas tendências haviam sido importadas da Alemanha pela Grã-Bretanha, na verdade, nesse momento, existiam "totalitários entre nós". Hayek foi longe no desenvolvimento de sua tese. Em sua opinião, o Partido Trabalhista britânico parecia prestes a trair dois séculos de convicções liberais e capitalistas e a criar um estado proto-fascista de coletivismo e planejamento central na Grã-Bretanha. Não só atacou Harold Laski, seu colega de cátedra na LSE, mas disse: "Nunca devemos esquecer que o anti-semitismo de Hitler expulsou de seu país, ou transformou em seus inimigos, muitas pessoas que, em todos os sentidos, são reconhecidos totalitários do tipo alemão."

O socialismo, incluindo o socialismo democrático, tem sido a *bête noire* de Hayek durante toda sua longa vida. Mais de 40 anos após *The Road to Serfdom*, ele publicou outra diatribe, *The Fatal Conceit*. Nesse livro, argumentou que o socialismo mata. "A disputa entre a ordem de mercado e o socialismo é nada menos que uma questão de sobrevivência. Seguir a moralidade socialista destruiria grande parte da humanidade atual e empobreceria muito do resto." Qual a alternativa? A "vaidade fatal", para Hayek, reside na crença de que "o homem pode modelar o mundo à sua volta de acordo com seus desejos". A alternativa de Hayek, o capitalismo ou ordem de mercado, reveste-se de um ar curiosamente passivo. Seu elemento decisivo é a renúncia à crença no *Machbarbeit*, na "factibilidade" do mundo: "Porque, na verdade, podemos produzir a organização do desconhecido *apenas fazendo com que ele se organize por si mesmo.*" O grifo é de Hayek. Ele, evidentemente, queria enfatizar o argumento. Há "processos naturais, espontâneos, auto-organizáveis" e nossa única tarefa, no interesse da liberdade, consiste em estabelecer regras de jogo que lhes permita atuar. Qualquer tentativa de acelerá-los ou atrasá-los, desviá-los ou redirecioná-los, é errada, um sinal de vaidade, de socialismo.

Dessa maneira, o palco é armado para a grande batalha de sistemas, o sistema "natural" de capitalismo e ordem de mercado e o "sistema" vaidoso de socialismo e planejamento. Esse ponto é importante, se não por outro motivo porque há muitas pessoas, em seu país e em outros da Europa Central Oriental, que se voltam para Hayek como alternativa que podem abraçar, agora que Marx está morto. Há muito a elogiar no economista e teórico político que passou a vida travando campanhas pela Constituição da liberdade, mas há também um risco. Tal como Marx, Hayek conhece todas as respostas. Não acha fácil suportar a desorganização do mundo real. Fica tão zangado com aqueles que partiram nessa direção, sem segui-la até o amargo fim, como com os seus adversários ideológicos. Hayek é um teórico do tudo-ou-nada, o que é aceitável no que interessa às precondições constitucionais da política, mas perigoso, até mesmo desastroso, no mundo dos conflitos políticos reais.

Essa distinção tem importância. A política constitucional diz respeito ao contexto da ordem social, ao contrato social, por assim dizer, e às suas formas institucionais; a política normal é sobre as direções determinadas por interesses e outras preferências, nesse contexto. Eleições livres e honestas são assunto de política constitucional; a campanha pela privatização da indústria siderúrgica é uma questão de política normal. Mas a distinção nem sempre é clara. Alguns pensam, por exemplo, que detalhes dos sistemas eleitorais, tais como o patamar de 5% ou as listas partidárias regionais, pertencem ao domínio constitucional. Não penso assim, mas isso simplesmente serve para demonstrar que a própria fronteira é matéria de disputa. Por certo, Hayek tem razão quando argumenta que certas medidas que parecem pertencer ao reino da política ("normal") econômica possuem na verdade uma dimensão constitucional. Isso evidentemente ocorre no caso d nacionalização total da propriedade privada. Realmente, na década de 1970, muitos argumentaram na Grã-Bretanha que a liberdade corre perigo logo que o governo se torna responsável por mais de 60% do PIB — embora o número seja obviamente arbitrário e constitua uma tese discutível.

Em questões de política constitucional não há dois caminhos, ou melhor, só há dois caminhos: a sociedade fechada ou a sociedade aberta, ao passo que, na política normal, uma centena de opções pode ser oferecida e três ou quatro geralmente o são. Na verdade, os dois conceitos proporcionam outro modo de descrever o que está acontecendo hoje na Europa Central Oriental. A revolução de 1989 foi, como todas as revoluções, um período de política constitucional. "Democracia" e "cidadania" dizem respeito ao acordo básico de liberdade e, nesse sentido, situam-se além da controvérsia, ou são objeto de conflitos absolutos e potencialmente violentos. Períodos revolucionários são tempos anormais, nos quais é suspensa a política normal. Mas, aos poucos, vemos a política normal voltar, talvez para desalento dos constitucionalistas, mas, defensavelmente, em benefício da maioria. (Não posso lhe ocultar que meu próprio interesse concentra-se, acima de tudo, na política constitucional, como o senhor não deixará de notar no decorrer desta carta; mas compreendo, claro, que as Constituições criam meramente as precondições do jogo político real. As pessoas não querem realmente lutar pelo direito de livre expressão ou do voto, ou escolher empregos ou bens que querem comprar; querem usar esses direitos e falar e escolher como acharem melhor.) A política normal é mais confusa do que a política constitucional, mas também mais próxima da vida diária e, assim, da maioria das pessoas.

Tudo isso é relevante para Hayek (e para muito mais em meu argumento). Não posso criticar Hayek em sua política constitucional e não tentaria fazer isso, mas ele apresenta a infeliz tendência de transformar toda política, e, certamente, a maior parte da política econômica, em constitucional. Tal como Hayek, sou intolerante com os que atacam os fundamentos da liberdade, mas, contrário a ele, acho fácil tolerar os que defendem um grande papel para o Estado na formulação da política econômica ou uma transferência maciça de recursos para objetivos sociais, embora possa ser contrário às suas opiniões. Nem tudo o que é desagradável para alguns, para mim, ou mesmo para Hayek, tem, pelas mesmas razões, *status* constitucional. Tudo o que é elevado a esse plano é, por esse mesmo motivo, retirado da arena das lutas diárias da política normal, até que, no fim, emerge uma Constituição total na qual nada sobra para discordar, uma sociedade total, outro totalitarismo. Uma das chaves para o futuro das sociedades em vias de democratização da Europa consiste, por conseguinte, em responder à pergunta do como e onde será traçada a linha entre regras e princípios, que devem ser obrigatórios para todos, e às diferenças de opinião que podem ser discutidas de acordo com essas regras.

Não é talvez de surpreender que o constitucionalismo quase total de Hayek o tenha levado a considerar com inflexível desalento, mesmo em 1988, quando foi publicado *The Fatal Conceit*, o curso dos acontecimentos no mundo. Afinal de contas, diz-se que ele considera a própria Margaret Thatcher como uma traidora da doutrina pura do hayekismo. Outros que compartilham da atitude de Hayek, embora dificilmente de sua erudição e perseverança, interpretaram mais superficial e instantaneamente os fatos de 1989 como o triunfo do capitalismo sobre o socialismo. Deixe-me gastar alguns momentos com Francis Fukuyama, funcionário do Departamento de Estado dos Estados Unidos, que gozou de seus 15 minutos de fama quando publicou um artigo muito mal escrito intitulado "The End of History" no verão de 1989.

A "carga apocalíptica" desse artigo levou mesmo um escritor a discuti-lo no *Moscow News* com uma polidez e cautela talvez imerecidas.

Fukuyama diz que gosta de Hegel. A História, para ele, escreve-se com *H* maiúsculo. "Ela" se move inexoravelmente por caminhos só conhecidos do espírito mundial, queiramos ou não que se mova dessa maneira. (Hayek, cabe notar, é Hegel sem história, ou, mais plausivelmente talvez, Fukuyama é Hayek posto em movimento histórico.) A história fez coisas estranhas no século XX. Começou em uma veia liberal e, depois, criou o desafio socialista. Realmente, durante algum tempo, pareceu que os dois eram modos equivalentes de desenvolvimento social, falava-se até em convergência. Ao fim do século, contudo, presenciamos a "vitória sem ressalvas do liberalismo econômico e político." Além do mais, "o triunfo do Ocidente, da *idéia* ocidental", assinala "o fim da história como tal" porque não restam mais conflitos fundamentais entre conceitos de ordem. Em vez disso, começamos a ver os contornos do que Fukuyama insiste em chamar de "estado homogêneo (*sic!*) universal", que consiste de "democracia liberal na esfera política, combinada com fácil acesso a videocassetes e stereos na econômica." (Videocassetes e stereos, valha-nos Deus! Estremeço ao pensar em sua reação, caro amigo, já que me lembro de sua preocupação com a destruição da cultura pela sociedade de consumo.) Nem todas as sociedades alcançaram esse ponto, para sermos exatos; muitas estão ainda atoladas na história e assim permanecerão ainda durante algum tempo. Em um artigo subseqüente, Fukuyama insistiu também que fora mal interpretado por aqueles que acharam que dissera que nada mais ia acontecer. Haveria ainda muitas lutas pela frente. Mas, fundamentalmente, o jogo acabou. O triunfo de uma única idéia não é simplesmente um tempo para júbilo. "O fim da história será um tempo muito triste. A luta pelo reconhecimento, a disposição de arriscar a própria vida por um objetivo puramente abstrato, a luta ideológica mundial que gerou ousadia, coragem, imaginação e idealismo será substituída pelo cálculo econômico, a solução interminável de problemas técnicos, preocupações ambientais e a satisfação de sofisticadas demandas de consumidores." Videocassetes e stereos, novamente, sem dúvida. Mas quem sabe? "Talvez essa própria perspectiva de séculos de tédio ao fim da história sirva para fazer com que ela recomece."

Caricaturas transmitem sua mensagem exagerando aspectos característicos de pessoas reais e o trabalho de Fukuyama é uma caricatura de argumento sério. É duvidoso que ele tenha sequer lido Hegel, que gosta de citar, transcrevendo Kojève. Pode ter ficado embaraçado com a apoteose do Estado prussiano feita por Hegel. Evidentemente, ele pouco sabe sobre o mundo moderno e ainda menos sobre história. Não obstante, há um caso importante em seu *aperçu*, se não por outro motivo porque se tornou a visão mundial implícita de muitos nos mundos "capitalista" e "(pós-)comunista". A visão é simples e errônea. E precisa ser refutada e rejeitada.

Muitas pessoas consideram os últimos quarenta anos como uma grande batalha entre sistemas. A batalha retroage a tempos ainda mais remotos, talvez até a Revolução Russa de 1917 ou, na verdade, à publicação do *Manifesto Comunista* em 1848. É a batalha entre comunismo e capitalismo, entre uma comunidade socialista e a democracia liberal. Durante muito tempo, o capitalismo liberal foi a força mais forte. No curso deste século, porém, a balança pendeu gradualmente para o socialismo-comunismo. Na década de 1960, pareceu, por algum tempo, que os dois sistemas convergiriam. Até certo ponto, isso poderia ter acontecido, mas, no fim, prevaleceu outra opção. Os dois sistemas solidificaram-se em seus moldes e um aceitou o outro como era. Providenciou-se uma trégua que garantiu a inteireza de ambos. Talvez tenha sido chamada de Ato Final de Helsinque, embora alguns argumentem que o famoso "Terceiro Cesto" de Helsinque, com sua menção aos direitos humanos, continha as sementes da perturbação da trégua. De qualquer modo, o empate não durou. Processos revolucionários iniciaram seu curso. Um dos dois sistemas pareceu cada vez mais fraco das pernas até que começou a desmoronar e, finalmente, entrou em colapso em 1989. Depois disso, havia uma única opção na agenda, a opção capitalista de democracia liberal.

Mas não desejo de forma alguma ser mal entendido: essa não é minha visão das coisas, embora o seja para muitos que consideram Fukuyama "brilhante" e querem seguir o constitucionalismo extremo de Hayek. O erro fundamental dessa visão reside no entendimento implícito, ou explícito, das suposições das sociedades americana, britânica, alemã ou francesa de hoje como "sistemas". Paradoxalmente, se esse entendimento fosse correto, a "história", como a vê Fukuyama, ainda estaria conosco. Estaríamos ainda pelejando uma batalha de sistemas. Na verdade, não estamos. De qualquer modo, não estamos, se a revolução de 1989 puder conservar seus ganhos iniciais. Isto porque a linguagem comum que falamos hoje não é a linguagem do Oeste, ora adotada pelo Leste, mas uma linguagem intrinsecamente universal que não pertence a pessoa alguma em particular e, por conseguinte, pertence a todos. Os países da Europa Central Oriental não alijaram o sistema comunista para aceitar o capitalismo (o que quer que isso seja); derrubaram um sistema fechado para criar uma sociedade aberta, *a* sociedade aberta, para ser exato, porque, embora possa haver muitos sistemas, só há uma sociedade aberta. Se algum credo ganhou nos eventos do ano passado, foi a idéia de que estamos todos juntos em uma jornada para um futuro incerto e temos que trabalhar, através de experimentos e erros, dentro de instituições que tornem possível trazer a mudança sem derramamento de sangue. O que morreu nas ruas de Praga, Berlim e Bucareste, nas reuniões intermináveis em Budapeste, em sua própria Mesa Redonda e agora em seu parlamento, não foi apenas o comunismo, mas a crença em um mundo fechado e governado pelo monopólio da "verdade".

Disse-me François Furet que, pela primeira vez em 150 anos, se não mais do que isso, nenhuma visão total alternativa de sociedade é oferecida nas batalhas intelectuais e políticas do mundo. Isso significa (acrescentaria eu) que podemos dedicar-nos finalmente ao negócio real da história, que é promover as oportunidades de vida de homens e mulheres em toda parte. A estrada para a liberdade não é a de um sistema para outro, mas uma que leve aos espaços abertos de futuros possíveis infinitos, alguns dos quais concorrem entre si. A concorrência entre eles configura a história. A batalha de sistemas é uma aberração antiliberal. A fim de frisar ao máximo o argumento, eu diria: se o capitalismo é um sistema, então ele precisa ser combatido tão vigorosamente como o comunismo teve que ser enfrentado. Todos os sistemas significam servidão, incluindo o sistema "natural" da "ordem de mercado" total, na qual ninguém tenta fazer coisa nenhuma, salvo observar regras do jogo, descobertas por uma seita misteriosa de conselheiros econômicos.

Principalmente sobre a Estranha Morte do Socialismo e a Miragem de um "Terceiro Caminho"

Enquanto deixo que meu entusiasmo pela sociedade aberta anule o argumento nacional, ocorre-me que o senhor talvez tenha ficado satisfeito demais com algumas de minhas observações. O senhor, também, tem dúvidas sobre Hayek e quer que prevaleça alguma mistura de êxitos socialistas com oportunidades liberais. O capitalismo sem peias, pensa o senhor, não é tão maravilhoso assim, e pode, por isso, desejar me aliciar como um de seus correligionários na estrada para a social-democracia. Não compartilho da obsessão geral por rótulos e, por conseguinte, não fico especialmente perturbado por ser chamado de social-democrata, embora tenha dificuldades com a palavra italiana *liberalsocialista* porque prefiro considerar-me um liberal radical, para quem os direitos sociais da cidadania são uma condição tão importante para o progresso como as oportunidades de escolha, que recusam iniciativa empresarial e o espírito inovador. Mas antes de passarmos à política normal, é preciso enunciar inequivocamente que o socialismo está morto e que nenhuma de suas variantes pode ressuscitar em um mundo que desperta do pesadelo duplo do stalinismo e do brezhnevismo.

A fim de que não julgue esta linguagem desnecessariamente cruel, quero lhe falar a respeito de um livro que tem muito a ver com minha própria filosofia política, o *The Strange Death of Liberal England,* de George Dangerfield, publicado em 1935. Dangerfield estuda a curiosa história do grande triunfo dos liberais britânicos sob o ministério Asquith após 1908 e a arrogância que resultou em sua rápida decadência de 1913 em diante. "Foi nesses anos que aquele altamente moral, generoso, dispéptico, aquele organismo inteiramente indefinível conhecido como Partido Liberal faleceu. Faleceu com veneno administrado pelos seus inimigos conservadores e de desilusão com a ineficácia da palavra 'Reforma'. E o último alento que palpitava nessa carne histórica foi extinguido pela guerra". Dangerfield não era ingênuo, sabia que partidos políticos podem parecer sobreviver à sua morte. "Compreendo, claro, que a palavra 'liberal' sempre terá um significado enquanto restar uma democracia no mundo, ou qualquer remanescente da classe média: mas o verdadeiro liberalismo de antes da guerra — apoiado, como era ainda em 1910, no Livre Comércio, na maioria no Parlamento, nos dez mandamentos e na ilusão de Progresso — jamais poderá voltar. Foi morto, ou se suicidou, em 1913." E acrescenta para que não paire dúvida: "E isso foi muito bom, também."

É difícil resistir à tentação de, nestas observações, substituir o ano de 1913 pelo de 1989, e a palavra "liberalismo" por "socialismo" ou, de qualquer modo, "social-democracia" — apoiado, como ainda acontecia na década de 1970, em planejamento econômico, na maioria no parlamento, na crença no serviço social e na ilusão de "factibilidade". Mas (observará o senhor imediatamente), isso não implicará fundir duas coisas diferentes? Há socialismo em sua versão comunista — que entrou em colapso espetacular em 1989, quando país após país tirou a palavra de sua descrição oficial ("República Socialista da...") e partidos como o seu, os da Hungria e mesmo os da Itália que procuraram um título menos ofensivo — e há social-democracia, que se morreu absolutamente "pereceu na escuridão" (como disse Lorde Selborne durante o debate sobre o Ato do Parlamento em 1911), sem ser notada por muitos porque, para todos os fins e propósitos, continua muito vivo. Muitos outros socialismos brotaram no último século e meio, mas o comunismo (que tem sido também descrito como o "socialismo realmente existente", enquanto realmente existiu), e a social-democracia (às vezes denominada, *pour épater les bourgeois,* "socialismo democrático") são os dois únicos de algum peso histórico. A história de ambos precisa ser contada, ainda que brevemente, a fim de esclarecer o que significa falar da estranha morte do socialismo na década de 1980.

Acho que tudo começou na Europa pós-napoleônica ou, para ser mais preciso, na segunda fase da era industrial, especialmente na Inglaterra e França. Pessoas ponderadas — burgueses, sem dúvida — sentiam-se preocupadas com a difícil situação das classes trabalhadoras e começaram a pensar em remédios. Remédios que tinham alguns ingredientes em comum, sendo um deles a maneira errada como a propriedade privada viera a ser usada. A fim de reparar tais injustiças, a propriedade tinha que ser "socializada", de uma maneira ou de outra. Outro aspecto: as posições das pessoas na sociedade haviam se tornado desiguais demais. Variantes de igualitarismo acompanharam o socialismo desde seus primeiros dias. A idéia de que as coisas poderiam, e deveriam, ser feitas por planejamento deliberado, e não deixadas a seus próprios meios, ao "mercado", segue-se naturalmente. A fria racionalidade de tais análises era invariavelmente acompanhada de esperanças mais atingíveis e emocionais sobre uma maneira diferente de viverem os homens juntos, um senso de amor fraternal, um desejo de romper o cruel nexo monetário pela cooperação voluntária e pelo espírito de solidariedade. Uma aliança entre intelectuais e operariado transformou essa mistura na visão de um mundo inteiramente diferente — no "Novo Cristianismo", de Henri de Saint-Simon, na "Nova Sociedade", de Robert Owen. Além do mais, o novo mundo tinha que ser conquistado à força, mediante organização de ilhas de futuro melhor ou de movimentos para transformar o presente.

Marx não gostou dessas idéias dos Saint-Simons e Owens, Cabets e Fouriers, Proudhons e Weitlings. Desprezou a tentativa de enfrentar os sofrimentos do presente com alternativas que eram meras "fantasias". Em vez disso, invocou a marcha inexorável da História, com *H* maiúsculo. A Nova Sociedade não era uma perspectiva desejável, mas resultado necessário das contradições e conflitos do capitalismo burguês. Foi nesse ponto que a noção de sistemas se insinuou no socialismo e aliou-se à visão utopista que estivera presente o tempo todo. Pouco importa o que as pessoas querem ou visualizam para si mesmas — na verdade, elas não importam — porquanto executam meramente a vontade da História e a História escolheu o proletariado para tornar-se o agente de forças produtivas que superarão o modo capitalista de produção e criarão a Nova Sociedade, socialista inicialmente e comunista quando amadurecer plenamente.

Os partidos formados em nome do *Manifesto Comunista* gostavam de ameaçar as autoridades constituídas com a inevitabilidade de queda e a vitória do socialismo, mas nunca foram estritamente marxistas. Na verdade, seria muito difícil fundar um sindicato ou um partido político sobre a suposição de que esses movimentos são meros joguetes de grandes forças impessoais. Ter a história ao seu lado — ou melhor, ouvir líderes dizerem que é isso o que acontece — pode parecer encorajador para alguns, mas um elemento antimarxista de voluntarismo ingressou sorrateiro, desde o começo, no movimento socialista. Na Inglaterra, foi dominante, dos cartistas aos fabianos e depois ao Partido Trabalhista. Com a formação de partidos e a crença sempre maior em sua capacidade de mudar as coisas aqui e agora surgiu a social-democracia, isto é, a aceitação, a contragosto mas sincera, das regras da sociedade aberta. Versões do positivismo entraram em um curioso casamento com o socialismo. Por volta de 1914, o liberalismo pode ter morrido, mas o socialismo estava vivo e atuante nas democracias da Europa e seus representantes nos parlamentos votavam pelos empréstimos de guerra de seus respectivos governos, da mesma maneira que proletários de todos os países foram à guerra uns contra os outros, em vez de se unirem sob a bandeira vermelha.

Os fatos de 1917 não assinalam apenas outro estágio do mesmo fenômeno. Embora Lenin obviamente pertencesse à tradição à qual aludi aqui com uma leviandade quase frívola, o contexto de sua análise pouco deve, se é que deve alguma coisa, ao crescimento da social-democracia na Europa, mas muito a tradições particularmente russas e a um ímpeto importante promovido por Marx. A razão para essa dívida particular é, por vários motivos, perversa, já que tem origem em um erro de teoria e de história que precisa ser esclarecido. Conforme o senhor sabe, Marx tentou ligar a luta de classes a forças sócio-econômicas subjacentes. A classe reprimida tira seu vigor, e também sua retórica, das forças de produção, que são controladas pela classe dominante e pelo modo de produção que representa. Marx precisava dessa fusão de política e economia para justificar a marcha inexorável da História, mas tinha pouca história para ir adiante. Algum tipo de luta de classe forneceu (talvez) munição à Revolução Francesa; a Revolução Industrial pode (provavelmente) ser descrita como eliminação inevitável de um modo de produção mais antigo, a fim de abrir espaço às novas forças da tecnologia, do espírito empresarial e do trabalho assalariado. As duas revoluções, contudo, não aconteceram no mesmo lugar ou na mesma ocasião, exceto nos livros de Marx e Engels, onde a revolta do Terceiro Estado e o irrompimento da produção industrial foram superpostos por golpes de duas penas.

Marx estava mais interessado na revolução do futuro do que nas do passado. Não obstante, sua teoria, com todo seu esplendor abstrato, pouco sentido fazia também para essa possibilidade. O proletariado nunca representou uma nova força de produção; era uma classe de trabalhadores industriais explorados e reprimidos que necessitava, aqui e agora, encontrar um lugar ao sol deste mundo. O próprio Marx teve dificuldades em identificar a força sócio-econômica do movimento revolucionário que tentava promover, uma vez que "produtores associados" e "propriedade socializada" dificilmente são motivos irresistíveis para a mudança (especialmente se companhias por ações são consideradas como "um ponto de transição necessário" na estrada para o socialismo). Ainda assim, por um acaso feliz, a teoria de Marx fez sentido para a Rússia. Realmente, fazia sentido para todos os países que ingressavam tardiamente no mundo moderno e tinham que obter, simultânea e rapidamente, modernização política e econômica. À medida que elites coloniais e feudais mais antigas eram removidas, os que assumiam o poder podiam alegar fazê-lo em nome de oportunidades, até então reprimidas, de crescimento econômico. Ao contrário da velha burguesia inglesa, americana, francesa ou holandesa, eles não tinham realizações econômicas passadas ou riqueza em que confiar, nem eram uma *Bildungsburgertum* no sentido alemão, uma "burguesia educada" (usando um termo com o qual Keynes descreveu suas próprias origens); em vez disso, o poder político era a única e exclusiva base de sua posição. Assim, aconteceu que uma classe conquistou a hegemonia, uma classe que nada tinha, salvo o Partido para apoiá-la, mas que pôs em movimento um processo lento e, em última análise, ineficaz de industrialização. "O comunismo", como disse secamente Lenin, "é poder soviético mais eletrificação de todo o país."

O socialismo dessa variedade — o comunismo — é, em outras palavras, um fenômeno de países em desenvolvimento. A despeito de algumas ilhas de sofisticação e mesmo de desenvolvimento, a Rússia em 1917 era, nesse sentido, um país em desenvolvimento. O mesmo aconteceu com a China em 1949, como também com muitas nações do Terceiro Mundo que acharam conveniente copiar o modelo soviético e, de quebra, com apoio de nações mais antigas do Segundo Mundo. O socialismo da *nomenklatura* — chamada por alguns de "centralismo administrativo" ou mesmo de "centralismo democrático" — tornou-se o modo preferido de moderzação tardia.

Mas ele não foi, como sabemos hoje, um método muito eficaz. Sua eficácia ficou na maior parte confinada à destruição do velho regime autoritário. E isso foi realizado com total implacabilidade. A "colheita de dor" na Ucrânia e mais além (para usar a descrição de Robert Conquest) e a Revolução Cultural chinesa são dois exemplos inesquecíveis e imperdoáveis, embora Idi Amin, o "Imperador" Bokassa, Pol Pot e outros "modernizadores" do Terceiro Mundo tampouco venham a ser esquecidos e perdoados. A parte destrutiva do processo levou, de fato, a um certo nivelamento de hierarquias sociais herdadas e à criação das instituições (embora, às vezes, meramente na aparência) de Estados modernos. Lançou também algumas fundações do moderno desenvolvimento econômico: elementos de infra-estrutura (embora, muitas vezes, mais simbólicos do que úteis), educação generalizada (embora, freqüentemente, com objetivos de mobilização tanto quanto de formação de perícias), grandes complexos industriais (ainda que, com freqüência, vinculados a objetivos do Estado — e acima de tudo, militares — e não para atender a demanda de consumidores). Mas o processo não conseguiu realizar aquela proeza crucial que a "ética protestante" conseguiu em algumas partes do Mundo Ocidental, isto é, fornecer incentivos à poupança e adiar a satisfação de desejos, que é uma condição do sucesso industrial precoce. O povo precisa estar preparado para permitir a acumulação de capital, que põe em movimento a máquina do crescimento. Pode fazer isso voluntariamente — porque acredita que é moralmente certo ou porque pode ver a luz ao fim do túnel — mas, se não o faz, tem que ser compelido a consumir menos do que produz. Foi assim que o trabalho forçado veio a ser um ingrediente indispensável ao socialismo realmente existente, bem como as carências e as filas e, no fim, um imenso e inútil "estoque" de dinheiro sem valor. A lógica dos regimes comunistas tornava a exploração e a repressão tão inevitáveis como a escassez e o fingimento.

A promessa do socialismo da variedade comunista foi uma rápida e indolor maneira de escapar do governo autoritário e da pobreza pré-industrial. A modernidade sem Napoleão e as casas de descaroçamento de algodão, por assim dizer. Na verdade, os povos do Terceiro Mundo, incluindo a União Soviética, conseguiram as duas coisas, ditadores e sofrimento. Acima de tudo, conseguiram o que Milovan Djilas chamou, pela primeira vez, de a "nova classe" de funcionários do partido. Essa classe enrijeceu-se cada vez mais e transformou-se na grande *nomenklatura*. Quanto mais rígida se tornava, menos sustentável era seu domínio. A combinação de ineficácia e repressão pôs finalmente em movimento o processo de autodestruição que observamos em anos recentes. Em outras palavras, o socialismo não é apenas um fenômeno de países em desenvolvimento, mas de países que não se sustentam para além dos estágios iniciais do desenvolvimento. Mais cedo ou mais tarde, tem que abrir caminho a modos mais abertos e eficazes de avanço econômico e, provavelmente, também de envolvimento político. O socialismo realmente existente não pode perdurar.

Há pessoas na União Soviética, e em outros países no mundo pós-comunista, que falam hoje em um "retorno ao capitalismo". Estão enganadas de mais de uma maneira, mas, acima de tudo, no apego à suposição equivocada de Marx de que o socialismo sucede ao capitalismo. Na verdade, o que acontece é o oposto. As economias orientadas para o mercado, baseadas em incentivos e não em planejamento e força, representam o estágio avançado do desenvolvimento moderno. Neste sentido, o capitalismo sucede ao socialismo — nos países em que a opção socialista foi o método escolhido para ingressar no mundo moderno. Este não é, claro, o caso de seu país, e ainda menos da Alemanha Oriental e da Tcheco-Eslováquia, onde o socialismo realmente existente foi o resultado de aspirações hegemônicas da União Soviética e abortou os esperançosos inícios do processo de modernização. Podemos compreender que, diante dos destroços deixados pela II Guerra Mundial, muitas pessoas tenham se mostrado dispostas a aceitar qualquer promessa de progresso oferecida, incluindo o socialismo da *nomenklatura*, mas, após quarenta anos, os balanços dos regimes sob seu jugo mostram quase exclusivamente números em vermelho. O socialismo de estilo soviético nos países avançados da Europa Central Oriental foi uma tragédia sem alívio.

O ano de 1917 produziu mais de um único efeito. Estabeleceu o socialismo realmente existente da variedade de país em desenvolvimento, mas estimulou também aqueles que, em países desenvolvidos, se sentiam infelizes com o que consideravam como acomodação dos partidos socialistas ao *status quo* de um curso mais rígido. Surgiram partidos comunistas que representaram um papel horrendo e muitas vezes assassino nas longas batalhas com os sociais-democratas, especialmente na Guerra Civil Espanhola, durante os anos do Pacto Hitler-Stalin, e também em alguns países europeus no período imediato do pós-guerra. Quando subjugaram os países da Europa Central, mediante a formação de "frentes populares", "partidos de unidade" ou meramente "coalizões" dominadas pelos comunistas, os soviéticos puderam confiar em partidos comunistas de força variável mas não negligenciável. A quinta-coluna estava ali para lhe apoiar os clamores e, embora o falso deus do comunismo tenha faltado à maioria de seus crentes (como Arthur Koestler, Ignazio Silone, Stephen Spender e outros nos disseram), faltou tarde e lentamente demais.

É importante lembrar esse pesadelo, do qual estamos hoje acordando. Eu me lembro bem porque era jovem em Berlim quando os russos chegaram, em fins de abril de 1945. Nossa família recebeu-os calorosamente porque eu estivera escondido durante semanas, após minha inesperada libertação do campo de concentração, onde passara o inverno anterior, e acima de tudo porque todos estávamos esperando por meu pai, que se encontrava na prisão por seu envolvimento na resistência — especialmente na conspiração para assassinar Hitler em 20 de julho de 1944. Ele sobreviveu, mas seus amigos que foram mortos pelos nazistas deixaram com ele a mensagem de que nunca deveria haver desunião outra vez no movimento trabalhista. No início, os líderes comunistas que haviam retornado do exílio na União Soviética não queriam ouvir essa mensagem. Achavam que podiam continuar sozinhos e, de qualquer modo, não gostavam dos sociais-democratas, que haviam denunciado como "fascistas sociais" uns cinco anos antes. Em um ano, as atitudes completaram o círculo. Os comunistas logo compreenderam que não venceriam em eleições livres; à parte a cidade italiana de Bolonha, o Estado de Kerala na Índia e um ou dois outros lugares, os comunistas nunca venceram eleições em parte alguma. E assim aplicaram pressão nos sociais-democratas para que formassem o "Partido da Unidade Socialista". Por essa altura, meu pai, que nunca sucumbira às tentações do totalitarismo de qualquer coloração, havia chegado a uma conclusão. Na qualidade de vice-presidente do Comitê Central dos Sociais-Democratas da Alemanha Oriental, votou contra a fusão forçada e teve que fugir para o Ocidente. Confesso que, muito embora a *Schadenfreude* não seja a mais nobre das emoções, observei com certo prazer a desintegração daquela repugnante reunião de covardes privilegiados que se denomina de SED.

A respeito de tudo isso, porém, o senhor provavelmente concorda. Mas o que dizer da outra, da versão social-democrática de desenvolvimento desde 1917? Uma diferença fundamental é atualmente visível. Enquanto o comunismo e o socialismo realmente existente ocupavam-se de sua própria política constitucional e criavam monopólios de poder sem limites do partido em todos os casos possíveis, a social-democracia tornou-se, após 1917, clara e inequivocamente (excetuados alguns grupos marginais) parte da política normal nas democracias do mundo. Pensaram alguns que isso era exatamente o que havia de errado com ela. Temos que reconhecer que Ramsay MacDonald, Herman Müller e talvez mesmo Léon Blum não foram os líderes que mais inspiraram os partidos políticos comprometidos com reforma radical. Mas é também verdade que, ao se envolverem na política normal, os sociais-democratas tornaram-se leais defensores da Constituição de liberdade. No caso deles, a democracia e o império da lei estavam em boas mãos. Como recém-chegados às suas pastagens, eles demonstraram, no mínimo, maior comprometimento com os valores e instituições da sociedade aberta que os liberais mais antigos.

Se assim, o que foi que deu errado? Teria alguma coisa dado errado? O senhor me lembrou um artigo que escrevi há alguns anos, intitulado "*The Misery of Social Democracy*" (O Sofrimento da Democracia Social) e que obviamente causou-lhe alguma tristeza. (Neste particular, o senhor não está sozinho. Willy Brandt, em seu discurso de despedida como líder dos sociais-democratas da Alemanha Ocidental, expressou uma dolorosa confusão: "Repetidamente me perguntei que décadas têm em mente esses contemporâneos que pensam que acabou o século social-democrático. Terão eles esquecido duas guerras, o fascismo e o stalinismo, as grandes crises econômicas e as novas ameaças existenciais?"). Na ocasião, comecei com a observação direta de que os partidos sociais-democratas em toda a Europa não estavam indo bem, e que aqueles que se saíam bem, como os da Espanha e, talvez, da Itália, não eram particularmente sociais-democratas. Defender uma sociedade decente evidentemente não era mais suficiente para o eleitorado das sociedades avançadas. O que teria mudado a sorte da força política dominante durante um século?

A resposta mais simples é: a vitória. Tal como os liberais britânicos em 1911, os sociais-democratas conquistaram a Europa em fins da década de 1970. Sua combinação de democracia e planejamento, de liberdade econômica e administração da demanda, da opção individual e redistribuição, de liberdade e justiça, havia se tornado a realidade dominante do mundo da OCDE — Organização de Cooperação e Desenvolvimento Econômico — (embora os Estados Unidos tenham, em parte, tomado caminho próprio, nunca reconhecendo plenamente os direitos sociais de cidadania). Naquele tempo, todos nós éramos sociais-democratas e, em aspectos importantes, ainda somos.

Para os povos do mundo desenvolvido, isso era ótimo, mas foi fatal para a social-democracia. O aparecimento de uma grande maioria de pessoas que podiam alimentar a esperança de satisfazer muitas de suas aspirações nas condições existentes — uma classe majoritária — tornou os partidos sociais-democráticos uma força protetora, para não dizer conservadora, ou dispensável, ou ainda ambas as coisas. A emergência de uma classe majoritária (às vezes chamada de classe média, embora o conceito induza ao erro na ausência de uma classe superior que estabeleça o tom, e de uma classe operária coesa) significou, acima de tudo, que a tradicional base social da social-democracia se dissolvera. A classe trabalhadora desapontara seus líderes intelectuais. Ao contrário das suposições desses líderes, ela não era realmente uma força social particularmente progressista, mas uma força que buscava "lei e ordem" tanto quanto avanço social e econômico e cujos membros ficaram, no fim, inteiramente satisfeitos em consegui-los para si mesmos e suas famílias, e os demais que se danassem. O conflito de classe foi transformado em mobilidade social individual. A prevalência desse modelo nos Estados Unidos, sob a forma de "o sonho americano", ainda que nem sempre realidade, tem sido freqüentemente citada como a razão da ausência de partidos socialistas nesse país. Atualmente, o mesmo tipo de comportamento espalhou-se pela Europa. À medida que o processo se desenvolveu, a classe operária não só perdeu coesão, mas começou também a encolher. Surgiu uma nova classe média de empregados burocráticos e de serviços, e embora sua posição de mercado possa ter parecido semelhante à dos operários, eles nunca se consideraram como parte do proletariado. A mudança da manufatura para os serviços reduziu a classe trabalhadora industrial a uma minoria, e uma minoria cujo *status* não podia ser mais descrito como negligenciado ou reprimido.

Outro efeito da vitória acompanhou o desmoronamento da base tradicional dos partidos sociais-democráticos. A social-democracia tivera uma afinidade peculiar com o Estado. Muito longe de combatê-lo como "o corpo que administra os interesses comerciais comuns da classe burguesa" (na formação de Marx e Engels), os sociais-democratas usaram-no para reparar as injustiças do capitalismo. Embora John Maynard Keynes e William Beveridge fossem ambos liberais com filiação partidária, a política econômica keynesiana e a política social do tipo Beveridge transformaram-se em símbolos da social-democracia. "Política" sempre significou papel mais importante para o governo. Isso, por seu lado, ensejou a expansão da máquina de planejamento, da burocracia. A social-democracia ligou-se cada vez mais à burocracia, até o ponto em que, em alguns países, como a Suécia, tornou-se o partido dos servidores públicos. Em outros países, descreveram-na como "o partido dos mestres-escolas" (que são servidores públicos na maioria dos países europeus) ou como "partido dos empregados do governo local (municipal)", o que equivale à mesma coisa.

O dilema é evidente. Muito embora reste muito a fazer para completar o projeto da social-democracia, o apoio tradicional com que contava reduziu-se em conseqüência de seu próprio sucesso. Além do mais, a ligação entre social-democracia e burocracia coloca a velha força reformista em uma estranha e difícil situação. Afinal de contas, a burocracia é, em certo sentido, a *nomenklatura* democrática que, se aceitamos os receios de Max Weber, poderá ainda nos aprisionar em uma nova "gaiola de servidão". Um dos aspectos da década de 1980 no mundo da OCDE é o protesto não só contra a estagflação da década de 1970 mas também contra a dependência política da burocracia. As pessoas sentem um desejo elementar de fazer as coisas como querem, em vez de serem empurradas de um lado para o outro por ocupantes de gabinetes, que as fazem preencher formulários e esperar em filas por respostas insatisfatórias.

Reconheço, claro, que a expressão "social-democrático" sempre fará sentido enquanto houver democracia no mundo, ou qualquer remanescente de uma classe operária. Aqui estou parafraseando novamente Dangerfield, mas, no que interessa à classe trabalhadora, nem mesmo tenho certeza de que isso seja verdade. O que sobrou da classe operária não é mais um reservatório seguro de votos sociais-democráticos. De qualquer modo, a social-democracia está em dificuldades, e na mesma ocasião em que as versões mais absolutas do socialismo ruíram por terra. Significará isso (perguntou-me o senhor) que a opção social-democrática está fechada aos que abandonaram o comunismo?

Chegou o momento de encarar de frente uma questão que vicia grande parte do debate sobre democratização na Europa. Ela recebeu nomes um tanto desajeitados, todos pretendendo descrever um ponto intermediário entre as realidades do que eram antes o Ocidente e o Oriente. Alguns falam de um "caminho do meio", outros de "um terceiro caminho" e todos acreditam que seria errado abandonar as realizações de quarenta anos de socialismo e engolir, com armas e bagagens, o capitalismo. Certamente — parece que o senhor disse quando conversamos — deve haver lugar para uma política social e democrática decente ou mesmo democrática-socialista em algum ponto entre os extremos do que os senhores têm e o que nós temos. Isso parece bom, mesmo plausível, mas é a maneira errada de abordar, tanto em teoria como na prática, as tarefas que se colocam à frente.

Em vez de recorrer a Milovan Djilas, Ota Sik, Rudolf Bahro ou a outros autores dos países socialistas, ou ao grande defensor do capitalismo humanitário nas décadas de 1960 e 1970, Andrew Shonfield, permita-me usar um autor suíço para apresentar meu argumento. O referido autor escreveu recentemente um calmo e ponderado artigo no liberal *Neue Zurcher Zeitung* sobre a "possibilidade de um terceiro caminho para a Europa Oriental". Adverte ele o Ocidente contra a arrogância presunçosa da opinião de que o colapso do socialismo realmente existente não deixa às suas vítimas outra alternativa senão adotar todos os aspectos das economias democráticas e capitalistas de mercado, sobre o fundamento de que ninguém pode ficar "um pouco grávida". O autor lembra-nos da "doutrina pura do capitalismo": auto-organização, propriedade privada, o mercado, regras de jogo confiáveis. E acrescenta que a realidade do Ocidente freqüentemente se afasta da doutrina e cita certo número de exemplos. A propriedade privada mudou de cara em empresas gigantes, que são administradas por pessoas que não são suas donas; na outra extremidade, as pequenas firmas de propriedade de famílias não constituem modelos de eficiência. O planejamento e as forças de mercado há muito tempo deixaram de ser incompatíveis; a questão real consiste em onde traçar a fronteira entre os dois.

Estruturas de custo e preço transparentes são uma boa idéia, mas estão muito distantes da realidade nebulosa dos "mercados" de produtos agrícolas ou do "mercado" de trabalho. A movimentação livre de pessoas, ou mesmo de bens, é ainda tanto promessa como realidade. "Nada de ser mais papista do que o próprio papa", aconselha ele.

Até aí, tudo bem. O autor, porém, liga em seguida suas observações a um apelo em prol de "visões utópicas" que "transcendem os sistemas". Há espaço de sobra para reforma em toda parte (argumenta ele) e a analogia com a expressão "um pouco grávida" é uma descrição enganosa de estruturas econômicas, tendo em vista a necessidade de buscar misturas complexas de elementos. Essa necessidade tem que ser explorada "através de sistemas, sem preconceito ideológico e arrogância presunçosa. As utopias liberal e socialista podem, assim, ser transformadas em um terceiro sinergético". A "utopia socialista" poderia ser enriquecida pela iniciativa empresarial e a "utopia capitalista" pela compreensão de que a economia serve a seres humanos, e não o contrário. Dessa maneira, iniciaríamos "o tipo de diálogo intercultural que poderia levar a Europa Central a um caminho variegado e dinâmico".

"Não" é a resposta simples a esse convite. Não devemos participar desse "diálogo intercultural" e, mais, a própria idéia precisa ser rejeitada. Ela é errada porque constitui outra versão de pensamento em sistema e pensar em termos de sistemas é o fundamento do antiliberalismo em todas suas variedades. Não é por acaso que nosso autor utiliza noções como "transcender sistemas" ou explorar idéias "através de sistemas". É assim que ele vê o mundo. A única diferença entre ele e Fukuyama, digamos, é que ele quer introduzir um terceiro sistema, a "Europa Central" por assim dizer, um meio-termo entre socialismo e capitalismo. (Sei que o senhor aprecia a noção de Europa Central porque seu povo não quer ser rotulado de europeu oriental. Na verdade, a Polônia acertou seus relógios com o Tempo da Europa Central durante todos estes anos, contra a pressão soviética e contra a lógica da geografia. O conceito, não obstante, está sobrecarregado de bagagem ideológica — especialmente em sua encarnação alemã, que traz de volta o "nacional-socialista" Friedrich Naumann e sua *Mitteleuropa,* bem como outros caracteres detestáveis — de modo que é melhor ter cuidado ao usá-lo!) Por sorte, nosso autor suíço denomina o sistema de "variegado", mas é apesar disso fascinado por suas qualidades "Utópicas". Sua Utopia é do tipo rousseauniano, na qual "a competição ritual entre pseudo-alternativas formadoras de maioria" é substituída por "discussões sérias de programas políticos" e, claro, uma boa dose de "calor humano, empatia, e solidariedade".

Temos que nos acautelar também contra a Utopia, e não apenas se for da variedade rousseauneana. A Utopia é, pela natureza da idéia, uma sociedade totalitarista. Talvez não exista "em parte nenhuma", mas é apresentada como um contraprojeto às realidades do mundo em que vivemos. É uma alternativa completa e, por necessidade, uma sociedade fechada. Por que não escrevi o planejado livro anti-Orwel, *1989*? Porque não consegui encontrar para Winston Smith uma solução diferente da do Irmão Mais Velho em *1984*. As Utopias benevolentes em nada são melhores. A demolição que Karl Popper fez d'*A República*, de Platão, teve exatamente esse tema. Quem quer que se disponha a implementar planos Utopistas terá, em primeiro lugar, de limpar inteiramente a tela onde está pintado o mundo real. Trata-se de um brutal processo de destruição. Em segundo, um novo mundo terá que ser construído que, forçosamente, levará a erros e fracassos e que, de qualquer modo, exigirá desajeitados períodos de transição, tal como a "ditadura do proletariado". É obrigatoriamente alta a probabilidade de que, no fim, fiquemos entalados com a transição. Ditadores não têm o hábito de renunciar ao poder. O Utopista, escreve Popper, "pode buscar sua cidade celestial no passado ou no futuro, pode pregar a 'volta à natureza' ou o 'avanço para um mundo de amor e beleza', mas o apelo é sempre às nossas emoções e não à razão. Mesmo com as melhores intenções de construir um céu na terra, ele só consegue transformá-la num inferno — aquele inferno que só o homem sabe preparar para seus semelhantes".

Tudo isso se aplica à Utopia do caminho do meio, como aliás a todos os demais. Como um "terceiro sistema" completo, ele continua a ser primariamente um sistema, pouco importando o "terceiro", o "quarto" ou o "quinto". Nos conflitos entre defensores de sistemas e propugnadores da sociedade aberta, ela se situa no lado do antiliberalismo, onde todos os sistemas têm seu lugar. Nem a Europa Central, nem a social-democracia ou qualquer outro eufemismo para o "caminho do meio" deve ser considerado como sistema, ou realmente como Utopia, se o que queremos é a liberdade. A opção entre liberdade e servidão é nítida e clara e não oferece um ponto intermediário àquelas almas mais fracas que gostariam de evitar ter que se decidirem.

Durante todo este tempo, estivemos conversando sobre política constitucional, claro. Por isso mesmo, é necessário definir com mais exatidão os ingredientes da sociedade aberta. Uma vez que, neste estágio, a questão é social e econômica, temos que perguntar que elementos da organização econômica são partes constituintes da sociedade aberta e quais os que podem ser deixados à política normal. O capitalismo tem sido com freqüência definido nesse contexto. A maioria das definições contém três elementos: *agentes privados* coordenam suas atividades econômicas através do *mercado* a fim de conseguir acumulação e *crescimento*. Quanto, disso tudo, faz parte da definição de uma sociedade aberta?

A pergunta é extraordinariamente difícil de responder, mas não cabe dúvida que constitui tema legítimo de debate e podemos fazer uma tentativa a esse respeito. Vejamos a propriedade. John Locke e seus contemporâneos não teriam alimentado a menor dúvida de que a propriedade privada é um requisito constitucional. Na verdade, provavelmente é, embora isso não signifique que toda propriedade tem que ser privada. Estradas de ferro de propriedade do Estado são inteiramente compatíveis com a sociedade aberta. O importante é que a propriedade privada esteja disponível como uma opção e seja protegida. Em seguida, temos o mercado. Ele se reveste de numerosas implicações, algumas constitucionais, outras não. Sem contratos legalmente protegidos não pode haver mercado. Essa condição é uma necessidade constitucional. Os monopólios restringem o mercado, embora isso coloque, mesmo excetuando as estradas de ferro, a questão dos "monopólios naturais" — como, por exemplo, do ar e da água. É condição constitucional da sociedade aberta que seja impedida a generalização dos monopólios. O ônus da prova deve caber sempre ao defensor do monopólio e não ao advogado do pluralismo e da concorrência. Além do mais, acumulação e crescimento. Uma antiga sociedade aberta, a Grã-Bretanha, passou por muitas décadas de crescimento insignificante ou mesmo "negativo" sem tornar-se antiliberal. Podemos compreender pessoas que se preocupam porque o crescimento econômico pode ter-se tornado um postulado quase constitucional em certo número de países. Harold James apresentou esse argumento no tocante à Alemanha, onde o "progresso econômico", com freqüência excessiva nos dois últimos séculos, pareceu ser a meta, "sem a qual a nação não poderia existir". O requisito constitucional a esse respeito reside provavelmente na disponibilidade de incentivos. A liberdade de escolher a própria profissão, a liberdade de movimento e, compreensivelmente, limites à progressividade tributária, encartam-se nessa categoria.

Isso quer dizer que nem a administração da demanda *à la* Keynes nem a seguridade social *à la* Beveridge são constitucionalmente incompatíveis com a sociedade aberta. Na verdade, muitos modelos econômicos, que nenhum livro-texto descreve como capitalista, existem em democracias. A economia japonesa dificilmente pode ser considerada capitalista, com suas grandes companhias e relações organizadas dentro do Ministério da Indústria e Comércio Internacional. Na Alemanha, o papel dos grandes bancos e de uma rede informal de grandes empregadores e sindicalistas, juntamente com a co-determinação e um Estado paternalista altamente desenvolvido, são dificilmente compatíveis com a publicamente defendida economia de mercado. A Suécia não é, em sentido estrito, um país capitalista. Ainda assim, esses e outros países, com idiossincrasias próprias, são — com algumas ressalvas no caso do Japão — sociedades abertas. Estão presentes os pré-requisitos constitucionais da democracia.

Os exemplos acima sugerem uma resposta às suas perguntas (e às visões Utópicas do autor suíço que, por amor à clareza, tratei, talvez, com um pouco de dureza). Existem, de fato, aspectos da ordem econômica que pertencem à Constituição da liberdade. São, por assim dizer, inegociáveis. Em seu país, como em outros sob domínio comunista, alguns deles estiveram ausentes. Não havia lei de contrato. O que havia, em lugar disso, era o monopólio quase total do Estado. A propriedade privada brilhava pela ausência ou sofria sérias restrições. Faltavam as liberdades econômicas básicas. Sem qualquer "diálogo intercultural" que vise a um meio-termo, e sem uma mixórdia de sistemas, esses elementos ausentes da sociedade aberta terão que ser implantados a fim de que a liberdade permaneça. Tal como a linguagem comum que novamente falamos, esses elementos nem são Oriente, nem Ocidente, nem centro-europeu, mas pré-requisitos universais de liberdade.

E há também a política normal. Se quiser que seu país seja não só o lar da livre expressão e da opção política, mas um lugar de prosperidade e oportunidade econômica, recomendo encarecidamente muitas das políticas liberais que estão sendo implementadas por seu corajoso ministro das finanças, Balcerowicz — ou seu colega tcheco Václav Klaus e alguns outros em certos países. Alguns elementos dessa política chegam aos limites do constitucional, mas a maioria é tema legítimo de debate político e, por conseguinte, de opiniões divergentes. O capitalismo de estilo americano é apenas uma das maneiras de progredir, e poucos países no mundo optaram por ele. A Grã-Bretanha pode ter revelado alguns traços semelhantes em uma fase mais antiga do moderno desenvolvimneto econômico, mas os dois reformistas que gosto de citar, Keynes e Beveridge, foram afinal de contas britânicos e, a respeito de Keynes, diz-se que salvou o capitalismo destruindo-o. As estruturas econômicas da França e Alemanha, Itália e Espanha, Holanda e Suécia, são diferentes em dezenas de aspectos importantes. Não há um modelo centro-europeu. Há tantos modelos quanto há países.

Por tudo isso, a noção de um terceiro caminho, ou de um caminho do meio, é errada não só em teoria, porque desperta o potencial totalitário de todas as Utopias, mas errada também na prática. Em termos constitucionais, só há dois caminhos: temos que escolher entre sistemas e a sociedade aberta. Em termos de política normal, há centenas de maneiras e podemos sempre aprender uns com os outros na elaboração do nosso — o seu o meu, o de todo mundo, ou pelo menos o de todos os países — modelo de progresso econômico e social. Nenhum desses modelos é padrão para os demais, quanto mais um sistema. A realidade é infinitamente variada. Talvez seja um pesadelo para o purista conceitual, mas esse fato não deve nos seduzir a ponto de elevá-la à categoria de sistema. Enquanto a Constituição da liberdade estiver segura e funcionando bem, pessoas reais prosperarão em um mundo real para o qual todos os conceitos prontos e acabados são impróprios.

Outro argumento precisa ser apresentado, embora doloroso. O autor suíço corretamente nos advertiu contra a arrogância de parte dos que, entre nós, tiveram sorte bastante para viver em condições de liberdade e prosperidade, enquanto seu povo sofria sob a mão pesada do socialismo da *nomenklatura*. Sua louvável compaixão levou-o, como acontece com muitos outros, a exigir que as "realizações" de quarenta anos de socialismo fossem preservadas, mesmo enquanto seus erros eram reparados. Mas o que são essas realizações? Em termos de política constitucional, lamento não ver nenhuma. Os muitos citados direitos sociais corporificados

ıições não valem o papel em
ɔs. Nenhum "direito ao traba-
ɔnstituição pode impedir o de-
ɔ que faz é desacreditar a Cons-
ɔromete algo que nenhum juiz
ɔolítica de pleno emprego pode
ıntre as prioridades da política
ıum artigo numa Constituição
lireito de não trabalhar é um
plausível à garantia constitu-
ıtege pessoas contra o trabalho
ɔuco consigo ver muito, no
normal, que se desejasse pre-
ex-socialistas.

coisa, sobre a qual o senhor
ıfase em nossa conversa. Ela
ɔrofundo senso de perda expe-
ʒumas pessoas no mundo pós-
ː parece que um estilo de vida
ıente perdido, o que muito o
m estilo menos febril do que
pitalista", mais sociável, mais
ores culturais do que o hedo-
que a sociedade de consumo
r foi muito específico sobre
orreto, disse o senhor, subsi-
ım vez de alugar fitas pornô
rdade, providenciar para que

livros de valor, a baixo preço (o senhor mencionou livros "clássicos") ficassem à disposição de todos. Louvo-lhe as intenções mas não posso seguir-lhe as conclusões. Até certo ponto, a predileção do povo por cultura em regimes totalitários é um substituto de outros desejos, cuja concretização lhe é negada. Uma vez removida a pressão, o povo prefere tablóides, hambúrgeres, máquinas de lavar pratos, motocicletas reluzentes e férias na Costa Brava. Seria ótimo se alguns dos valores menos superficiais pudessem ser preservados, mas é difícil entender como isso poderia ser feito. Desconfio que, mesmo que seu governo continuasse a subsidiar "bons" filmes e livros "clássicos", o povo preferiria ver baboseiras sentimentais, ler subliteratura ou deixar inteiramente de ler.

A razão é simples e importante neste contexto. Olhando nosso mundo de uma certa distância, gostaríamos de ver os objetivos em que acreditamos serem atingidos diretamente e sem desvio ou distração. Talvez o que o senhor chama de social-democracia seja um desses objetivos. Mas a menos que seja implantado o horror de uma ditadura "benevolente", não é assim que o mundo funciona. Gostemos ou não, o balanço do pêndulo de um lado para o outro — e ele não tem que balançar o arco todo, de um extremo ao outro — é o ritmo mais provável da mudança. Após a vitória da social-democracia no mundo da OCDE, o povo queria novas explosões de individualismo, de inovação, iniciativa, de consumismo. Elegeu Margaret Thatcher primeira-ministra da Grã-Bretanha e Ronald Reagan presidente dos Estados Unidos e mesmo seus líderes "socialistas", tais como os primeiros-ministros da Espanha, Austrália e Nova Zelândia, terminaram sendo o que alguns chamam de "tratcheristas de esquerda".

Ora, no início da década de 1990 talvez tenha chegado o tempo de dar as costas ao partido da provisão e ingressar no partido da reivindicação, isto é, da obsessão com o crescimento econômico para o reconhecimento das precondições da cidadania. Até mesmo o presidente republicano dos Estados Unidos prometeu uma "América mais bondosa, mais suave" e, na Europa, a mudança de estado de espírito é inconfundível.

Simultaneamente, não seria surpresa se seus compatriotas e vizinhos quisessem sua parte do individualismo ocidental, incluindo o consumismo e tudo mais, antes que se lembrassem das necessidades sociais dos que seriam deixados para trás. Algumas pessoas podem lamentar isso, mas é o preço que se paga por décadas de coletivismo sombrio e cinzento. Desejo-lhe todo sucesso em sua tentativa de barrar a maré de lixo e brilho ilusório, mas desconfio que ela o varrerá para longe. Sua posição será minoritária durante algum tempo e, como sem dúvida percebe, não sinto muita pena do senhor. Pelo menos não sinto pena enquanto o balanço do pêndulo permanecer contido dentro dos limites da sociedade aberta. Na prática, isso significa que pode ser possível, pelo voto, alijar Balcerowicz do cargo (não cedo demais, tomara, talvez dentro de oito anos) e substituí-lo por um político mais social-democrata.

Tudo isso me leva de volta à sua pergunta sobre partidos políticos e suas bases sociais. Quem é que vai apoiar o quê nos anos que se avizinham? Que estruturas políticas vão emergir do colapso do monopólio comunista? A questão tem dimensões vexatórias, porque embora seja claro que os sistemas partidários das democracias européias, e da América do Norte, por falar nisso, só seriam instalados de forma incômoda nos países pós-comunistas, sua difícil situação lembra-nos o fato de que nossos próprios partidos estão desatualizados e fora de sintonia com os tempos. A experiência alemã mostrou isso perfeitamente. Embora os partidos da Alemanha Ocidental tenham feito grandes esforços e despesas para reestruturar os numerosos movimentos e seitas da Alemanha Oriental, de acordo com seus princípios, nada menos do que treze grupos estão representados no parlamento livremente eleito e, em muitos casos, é difícil entendê-los seja em termos de seus programas seja de sua base eleitoral.

Especulamos se, caso estivéssemos em sua posição e tivéssemos que construir a partir do nada nossas estruturas partidárias nas velhas democracias, a mesma coisa aconteceria aqui. Juntamente com o conflito de classe, desmoronou o sistema bipartidário. Em toda parte, novos grupos procuram um lugar entre os antigos. Muitos deles são movimentos sociais, como o dos Verdes, ou partidos de uma questão só, como o Partido dos Cinco Oitavos em Luxemburgo (que exige que a pensão por aposentadoria seja de cinco oitavos da renda final de uma pessoa). Alguns tentam transpor divisões tradicionais, como o da Aliança, na Grã-Bretanha, ora chamados de Democratas Sociais e Liberais. Observou alguém que, nos Estados Unidos, a política é hoje conduzida por 536 empresários, 435 representantes eleitos, 100 senadores e um presidente. (O cínico poderia acrescentar que os membros da Câmara gastam uma "verba" de $1 milhão por eleições, os membros do Senado,

$10 milhões, e o presidente $100 milhões.) O senhor teve, assim, toda razão em colocar a questão do partido após a da classe e não tenho certeza de que minha resposta o satisfará.

Em seu país, claro, como em outros do mundo pós-comunista, os senhores terão que percorrer ainda um trecho de caminho antes de se associarem ao grande consenso social-democrático. Acho que se o desenvolvimento da Europa Central Oriental permanecer a salvo de interferência externa, ou de forças antidemocráticas internas, o pêndulo da política normal terá que oscilar uma vez na direção liberal e outra na social antes que se convençam de que conseguiram. A direção liberal significa, claro, Balcerowicz, se não Friedman (embora, tomara, não Hayek). Ela envolve a decolagem de economias cujas baterias estiveram com baixa carga durante muito tempo, com os países mais afortunados da Europa e a América do norte, tenho esperança, fornecendo liderança com a necessária energia. Os passos seguintes podem ser dados em uma grande variedade de maneiras: a *perestroika,* também, tem tantas variantes quanto há países e opiniões neles organizadas. Elas vão da união monetária na Alemanha à privatização maciça na Hungria. Todos esses passos serão — e deverão ser — dados como parte do *momen-*

tum inicial da mudança constitucional, isto é, antes que haja partidos políticos inteiramente formados. Oposição a esse processo forçosamente surgirá e será sobre o custo social do crescimento econômico. Em algum ponto, em quatro ou mesmo oito anos (como espero que tenham esse tempo para a reforma, que neste momento deve parecer interminável e ameaçadora!) outros grupos assumirão o poder. Eles poderão mesmo chamar-se sociais-democratas.

Enquanto isso, contudo, nosso próprio problema será também uma realidade persistente para o senhor. Aqui, as forças pró-mudança são fragmentadas e freqüentemente débeis. Por outro lado, o lugar da classe foi assumido pelo que alguns chamam de "disparidade de reinos de vida". Significa isso que todos nós temos certos interesses em comum em um de nossos "estados de vida", tais como a integridade do ambiente físico, ao passo que podemos ter interesses divergentes em outros "reinos da vida", tal como a distribuição da riqueza. Assim, sindicalistas e empregadores podem ser "verdes" ocasionalmente, mas permanecem em lados opostos da mesa quando se coloca a questão de litígios salariais. Interesses especiais, e movimentos sociais construídos em volta deles, tomam o lugar de partidos políticos. Os indivíduos não "pertencem" mais a um único grupo que combina a maioria de seus interesses, mas mudam de lealdades dependendo da prioridade de um ou outro tema em ocasiões diferentes. Não inventamos ainda instituições que possam lidar com essa mudança. Não só partidos mas parlamentos foram criados em torno da idéia da luta de classes, com a "direita" e a "esquerda" em seus respectivos lugares, se não em lados opostos. De qualquer modo, quando começar a pensar nas regras do jogo de seu processo político, o senhor certamente desejará levar em conta os fatos do conflito, após as classes. Neste particular, também, o *The Federalist Papers* é relevante, e não menos porque a Constituição dos Estados Unidos foi elaborada ou aplicada para acomodar clivagens de classe à maneira européia.

A outra força pela mudança é ainda mais problemática e os senhores talvez não gostem absolutamente dela. Ela consiste de minorias ativas de indivíduos que pensaram nas coisas e têm conselhos a dar àqueles que se encontram em situação de agir de acordo com tais recomendações. O senhor provavelmente não se considera um intelectual, mas eu sou um deles. Posso, por conseguinte, ver que a morte do socialismo não só encerra numerosas conseqüências práticas e coloca questões como as que o senhor formulou, mas ameaça também a própria existência de um grupo que desempenhou um papel de vulto na história recente da Europa. Talvez os intelectuais não formem um grupo. São mais uma mixórdia, um grupo variado, uma categoria, na melhor das hipóteses, mas muitos deles sentiram uma afinidade especial pelo socialismo. O socialismo, aliás, foi uma invenção intelectual, de Saint-Simon a Lassalle, de Marx a Gramsci e através de centenas de desvios do marxismo, todos terminando agora nos esgotos da história abandonada.

Uma das posturas que influenciaram os intelectuais da Europa nos últimos cem anos combina três ingredientes. (De uma forma meio chocha, embora eles continuem presentes entre a *intelligentsia* burocratizada das universidades e nos meios de divulgação de massa.) O primeiro foi a rejeição completa das condições presentes, consideradas como endemicamente podres e incapazes de correção. O segundo foi uma visão mais ou menos elaborada de um mundo inteiramente diferente, no qual os males da realidade eram remediados. E o terceiro assumia a forma de um grande senso de certeza sobre a rejeição e a visão. Alienação, Utopia e dogmatismo não formam uma tríade muito atraente, embora seja daquelas que levam quase naturalmente às versões de socialismo que não são da variedade social-democrática.

Digo isso sem nenhum prazer ou senso de superioridade. Afinal de contas, cresci nesse mundo e alimento sentimentos de amizade por alguns que conseguem combinar suas certezas socialistas com uma decência pessoal que não corresponde a seu credo. Um ou dois deles acabaram por se transformar em confiáveis "patriotas constitucionais", sem abandonar seus alegados direitos à rejeição do presente e a um futuro utopista. Sinto-me muito mais estranho entre os "novos" intelectuais da direita, principalmente entre aqueles que fazem defesa incondicional, e mesmo cruel, do thatcherismo com a mesma devoção total que outrora dedicaram ao socialismo e mesmo ao comunismo. É bem verdade que, em anos recentes, aconteceu o inusitado e mentes criativas, *der Geist weht rechts*, esposaram causas da direita. Alguns deles são de importância duradoura. Embora John Rawls possa sobreviver a Robert Nozick e a outros que se mostraram dispostos a trocar a "justiça como eqüidade" pelo "estado mínimo", teóricos da opção pelo público e economistas constitucionais têm muito a oferecer quando tratam de assuntos como os que estou discutindo aqui. Mas, tendo dito isso, sobram os muitos para quem a morte do socialismo significa que se abriu um abismo, um grande vácuo, que é tão desconcertante intelectual quanto emocionalmente. Não sabem mais para onde ir e, como o Partido Comunista Italiano (de saudosa memória) ou a revista *Marxism Today*, na Grã-Bretanha, misturam uma corajosa disposição para mudar com uma notável confusão de idéias.

Alguns desses intelectuais duplamente desalojados — "flutuantes" de qualquer modo e, neste momento, roubados também de seu lar mental socialista — tentam manter vivo o sonho de algum socialismo "real". Alegam que nenhuma das versões realmente existentes teve algo com o produto real. Na verdade, todas elas foram traições ao verdadeiro ideal socialista. Falam de "socialismo com uma face humana", mas a tentativa é patética e não levará à parte alguma. Kjell-Olof Feldt, social-democrata e ex-ministro das finanças da Suécia, sucintamente explicou o que ora acontece: "Se é tão difícil assim dar a um conceito face humana, não quero nada com ele". Eu recomendaria àqueles que ainda não conseguem tirar da cabeça o socialismo uma tradição intelectual que é reconhecidamente menos impressionante em números, mas que inclui alguns indivíduos honestos que provaram ser imunes às tentações do dogma e das fantasias utópicas ao tempo em que elas eram fortes. Karl Popper pertence iniludivelmente a essa tradição. O mesmo acontece com Raymond Aron e, talvez, Norberto Bobbio. John Maynard Keynes e William Beveridge têm um lugar nessa galeria. Max Weber pode ser encontrado nela, a despeito de suas escapadas pelas pastagens nacionalistas. Os autores do *The Federalist Papers* — Alexander Hamilton, John Jay, e James Madison — não se sentiram tentados pela tirania e, de igual maneira, pertencem a essa tradição (embora eu me pergunte o que eles teriam dito se fossem rotulados de intelectuais). E há outros, felizmente. Todos eles são filhos de Kant, e de Hume e Locke antes dele, mas enfaticamente não de Hegel ou mesmo de Rousseau. São defensores apaixonados da sociedade aberta e, ao mesmo tempo, zelosos reformistas. Seria difícil colocá-los no espectro esquerda-direita que a Revolução Francesa nos legou. Keynes disse bem isso. Ele não podia ser conservador — "Eu não ficaria divertido, emocionado ou edificado". Não podia ser um socialista porque se preocupava com "o partido que odeia as instituições existentes e acredita que o grande bem resultará apenas de sua derrubada".

Em vez disso, escreveu, "Inclino-me a acreditar que o Partido Liberal é ainda o melhor instrumento para o progresso futuro — se apenas tiver uma forte liderança e o programa certo." Atualmente, o *partido* liberal é, com toda probabilidade, uma minoria ativa de reformistas que acreditam na Constituição de liberdade.

A propósito, tudo isto é dito, em certo sentido, mais para diverti-lo do que para responder às suas perguntas. Talvez ajude a explicar por que sou tão cético a respeito da social-democracia e também no que toca ao terceiro caminho. Minha própria posição liberal é de liberalismo constitucional que, no reino da política normal, defende a reforma radical. Quero que sejam elevados os direitos de cidadania bem como despertados o espírito de inovação e o talento empresarial. Claro que acho essa posição útil tanto na difícil situação em que os senhores se encontram quanto na nossa. O comunismo desmoronou e a social-democracia está exausta. Podemos ter que conviver durante algum tempo com as cascas da política de ontem, quaisquer que sejam os nomes que possam ter. Por isso mesmo, os senhores provavelmente adotarão os rótulos de partidos políticos conhecidos de democracias mais antigas. Mas a velha política já deu o que tinha para dar. O liberalismo constitucional e a reforma social precisam construir uma nova aliança. Mas esse nem é exatamente seu problema nem meramente o nosso, é um problema europeu que temos que resolver juntos.

Principalmente sobre Política, Economia, e a Estrada para a Servidão

Está muito claro, então, aquilo de que o povo nas novas democracias quer livrar-se, e bastante claro aonde quer chegar, mas continua a ser uma questão aberta como descobrir o caminho que leva do socialismo para a sociedade aberta. Não poucos observadores comentaram a surpreendente escassez de soluções para esse problema. Temos várias tentativas de explicar a ascensão do capitalismo desde o século XVI, e a industrialização desde o século XVIII, e algumas descrições do despontar da democracia na América e na Inglaterra, mas elas são de limitada importância para países que dispõem de muito menos tempo e, de qualquer modo, operam em condições muito diferentes, se não por outro motivo porque os outros se anteciparam a eles. É considerável o número de teorias prevendo a queda iminente do capitalismo e a ascensão inevitável do socialismo — que incluem não só o *Manifesto Comunista,* de Marx, como o *Road to Serfdom,* de Hayek — mas hoje já sabemos que todas elas estão erradas. Não temos teorias que poderiam ajudar-nos a promover, ou mesmo compreender, a transição do socialismo para a sociedade aberta. Talvez isso seja também um aspecto da grande *trahison des clercs*: intelectuais explicando fatos que nunca aconteceram e se abstendo de falar sobre aqueles que estão por trás da revolução de 1989 na Europa.

A questão é como implantar a Constituição da liberdade e ancorá-la firmemente. O âmago do problema está nas escalas temporais díspares das reformas políticas, econômicas e sociais necessárias para a consecução desse objetivo. Se me permite a franqueza, eu diria que os senhores tenderam a contornar um pouco o problema. Talvez ficassem fascinados demais pela aparente continuidade da mudança política na Polônia e também pela força evidente de certos elementos da sociedade civil, sobretudo da Igreja e do movimento Solidariedade. É bem verdade que outros não tiveram tanta sorte assim. O Presidente Havel teve que confiar em seus entusiásticos amigos artistas e no bom senso, até mesmo no humor, dos povos tcheco e eslovaco; na Romênia, o vácuo é assustador e atrai todos os tipos de poderes, velhos e novos. A aparente continuidade da Polônia, porém, também é enganosa não só porque escondeu por algum tempo a fragmentação dos partidos, mas, acima de tudo, porque é real em toda parte o problema da oportunidade política, econômica e social.

Quando digo que não há teoria que poderia ajudar-nos a compreender a transição que ora acontece, não ignoro o número crescente de livros e conferências nos quais a história de seu país é comparada com as da Europa Meridional, América Latina e Sudeste da Ásia. Samuel Huntington, cientista político de Harvard, invocou um contexto ainda mais vasto para explicar os fatos correntes. Nota ele grandes ondas de democratização seguidas por reveses. Uma dessas ondas durou, na América, da década de 1820 até a I Guerra Mundial na Europa e foi revertida no período entre as duas grandes conflagrações. Uma segunda onda seguiu a vitória dos Aliados na II Guerra Mundial, embora, de princípios da década de 1960 em diante algumas de suas conquistas tenham sido perdidas. Uma terceira onda começou no sul da Europa e América Latina em meados da década de 1970, espalhou-se pela Ásia e chegou finalmente à Europa Oriental. Observa Huntington que "tudo pesado, à parte a Europa

Oriental, duas dezenas de países mudaram, de regimes rigorosamente autoritários para primariamente democráticos, nos 15 anos transcorridos desde 1974 e, em 1989, cerca de 50 países possuíam alguma forma de instituições democráticas".

Teria esse processo sido causado apenas pelo efeito contagioso da democracia? Huntington dá muita ênfase a um mínimo de "riqueza econômica" como condição para a democratização, embora acrescente à sua lista fatores externos (Gorbachev) e internos ("decadência da legitimidade"). E dá também um aviso. A consolidação torna-se plausível apenas depois de ter o país ultrapassado o "teste dos dois giros", isto é, duas mudanças na face política do governo através de eleições, e, muito antes disso, é provável que se instale *el desencanto*, a desilusão, com a lentidão do progresso e a incapacidade da democracia de dar conta do recado.

Embora essas analogias e generalizações sejam úteis, em pelo menos um aspecto a Europa Central Oriental é diferente dos países latinos da Europa e Américas, e da Ásia. Nenhum deles teve que enfrentar o monopólio quase total do partido sobre o Estado, a economia, e a sociedade. No mundo comunista, os três foram, na verdade, quase indistinguíveis. Não havia tais coisas como sociedade, economia ou, mesmo, Estado, mas apenas o partido, saturando tudo. Nos países latinos, por outro lado, o quadro mais típico era de economias de mercado não-sociais relativamente prósperas, protegidas por ditaduras autoritárias que deixavam em paz os que se mostravam dispostos a se retirar para seus nichos privados, mas reprimiam violentamente todos os sinais de oposição ativa ou mesmo passiva. Tal foi também o caso das Filipinas e da Coréia do Sul e talvez de outros países da Ásia. A "revolução dos cravos" em Portugal pode parecer tão interessante como a "revolução de veludo" da Tcheco-Eslováquia, mas, na verdade, a idéia de revolução é muito mais aplicável à Europa Central Oriental, onde os direitos abrangentes da *nomenklatura* reinante tiveram que ser quebrados.

As revoluções, porém, jamais são muito úteis para o progresso econômico. As economias precisam da confiança baseada em expectativas estáveis e essa estabilidade é a primeira vítima das sublevações revolucionárias. No nível de vida da pessoa, elas perturbam a rotina da experiência diária e envolvem indivíduos em raros mas dispendiosos incidentes da história — demonstrar sua insatisfação na Praça Wenceslas, passar pelas primeiras frestas abertas no Muro de Berlim, observar o odiado ditador perder o rebolado e juntar-se ao coro "Abaixo Ceausescu". Tudo isso acontece em dias típicos de trabalho, quando a maioria devia estar em suas fábricas ou escritórios, e mesmo nas salas de aula (embora os estudantes possam perder aulas com menos custos, o que é uma das razões por que desempenharam papel de tal relevo em sublevações recentes.) Todas as prioridades normais são postas de lado. Pessoas passam fome mesmo sem notar e se conformam com menos sono do que jamais julgaram possível. Uma vez passada a agitação, acham difícil acomodarse à velha rotina e, claro, a agitação não aumenta exatamente a produtividade ou a produção.

No nível político, é grande a tentação de iniciar a mudança constitucional. Mas não é apenas uma tentação, porque a necessidade torna-se clara, caso se queira quebrar o monopólio. A Mesa-Redonda de vocês, poloneses, não foi, nem podia ser, um foro para a política normal nem podia tomar decisões sobre economia ou questões de política social. Era sobre política constitucional e isso significa as regras do jogo. Elas são, conforme argumentei e argumento novamente, uma condição necessária da estrada para a liberdade, mas não condição suficiente.

Quando a Revolução Francesa deu a volta final para o pior, e o povo fazia distúrbios nas ruas porque nada tinha para comer, um irado Robespierre dirigiu-se à Convenção: "O que é isso", disse —, "têm a República e clamam por pão? Só os tiranos dão pão a seus súditos. O que a Constituição deve ao povo francês é a liberdade, cimentada por leis humanitárias. O que a República desenvolve é o desfrute dos direitos sagrados de humanidade e o exercício de todas as virtudes sociais." Gorbachev, felizmente, não é um Robespierre, e este dificilmente é um símbolo de liberdade e leis humanitárias, mas dá para ouvir o presidente da União Soviética exalar um suspiro semelhante: "O que é isso, têm livre expressão e eleições e se queixam de prateleiras vazias nas lojas?" Nem só de pão vive o homem, certo, mas nem ele, ou ela, vivem só de *glasnost* e *perestroika* ou mesmo de democracia.

Mas não quero desenrolar a história toda da Revolução Francesa até o *el desencanto,* pelo menos não ainda. Se sombrios prognósticos de desastre fossem a única resposta às suas perguntas, seria melhor sofrer em silêncio. O que estamos enfrentando aqui é uma das questões mais irritantes da história moderna, ou seja, a relação entre reforma política e econômica, com a mudança social entrando em ambas as extremidades. Evidentemente, não há uma resposta simples. Deng Xiaoping talvez tenha alimentado a esperança de poder estimular a atividade econômica no nível local, e além, sem despertar a deusa da democracia. Os estudantes da Praça Tianamen deram-lhe a resposta e a contra-rajada destruiu a iniciativa econômica juntamente com as exigências de participação política. Mikhail Gorbachev pode ter alimentado a esperança de conseguir liberar as forças econômicas levantando a pressão política. Logo que o povo tivesse liberdade para falar, aprendesse com outros países, formasse cooperativas, ganhasse mesmo um pouco de dinheiro, ele aproveitaria as novas oportunidades e colocaria a economia soviética em um caminho de crescimento sustentado (ou assim pensou). Na verdade, pouco aconteceu, e pior, as condições econômicas deterioraram-se enquanto a reforma política se tornava mais febril. Novas mudanças constitucionais foram atiradas ao eleitorado que, cada vez mais, queria pão em vez de República. O conflito talvez venha a ser ainda a ruína de um grande experimento de mudança.

Tampouco são os dilemas de Deng e Gorbachev os únicos problemas criados pela relação entre reforma política e econômica. Mesmo que o país consiga, como conseguiu a Polônia em agosto de 1989, pôr no poder um novo governo que conquiste o respeito do povo, e inicie um programa econômico destinado a estimular a iniciativa e criar condições de mercado, forçosamente surgirá uma situação altamente explosiva. Mas isso tem a ver com escalas temporais, conforme mencionei antes. Mudanças constitucionais básicas podem ser feitas em uma questão de meses. Elas são, além do mais, pelo menos à primeira vista, um ganho puro para todos, exceto para a velha *nomenklatura,* que todos querem ver pelas costas. (Alguns darão uma meia-volta e sobreviverão, sem dúvida, e permanecerão queimando como fogo de monturo, cheios de irados sentimentos de vingança.) Já mudanças econômicas básicas não podem ser introduzidas em meses. De qualquer modo, não se tornarão eficazes imediatamente. Ao contrário, as reformas econômicas, sem dúvida alguma, levarão as pessoas por um vale de lágrimas. As coisas forçosamente se tornarão piores antes de melhorarem. Mesmo que uma política resoluta traga mercadorias às lojas e crie uma moeda de real valor, sem taxas cambiais de mercado negro, haverá muitos que ganharão pouco demais para poder comprá-las, se estiverem absolutamente empregados. É difícil dizer quanto tempo demorará a jornada pelo vale, mas é certo que durará mais do que o mandato do primeiro parlamento e é sempre provável que gere um grau de desilusão que ameaçará o novo contexto constitucional, e também as reformas econômicas, tão prometidas, e não entregues no tempo previsto.

Acho cínicos demais os que argumentam com George Schoepflin que "as democracias ocidentais têm como uma de suas características fundamentais o primado dos interesses materiais e isto é crucial na estruturação do jogo político, de maneira a assegurar um alto grau de estabilidade." Na verdade, os dois países que conheço melhor refutam essa alegação. A democracia alemã permanece instável exatamente porque está tão ligada à prosperidade material. Até mesmo os liberados alemães orientais estavam em busca, ao que parece, tanto de pilhagem quanto de liberdade. Falta um senso de instituições e, quando o destino da economia vira para pior, temos que temer pela Constituição da liberdade. A democracia britânica, por outro lado, tem permanecido muito estável através de um longo período de declínio econômico, pelo menos relativo. Não foi afetada pelas tentações do totalitarismo, a despeito das preocupações do povo na década de 1920, de que havia ganho a guerra mas perdido a paz, e não obstante o fato de que a Grã-Bretanha quase fica de fora do milagre econômico ocorrido após a II Guerra Mundial. Indubitavelmente ajuda se as instituições democráticas e o bem-estar econômico florescem juntos, mas, novamente, não há uma relação necessária entre os dois, e, acima de tudo, nenhum método simples para garantir a existência de ambos.

O que, então, deve ser feito? O senhor formulou tantas perguntas sobre a condição que descrevi que, pelo menos desta vez, tentarei lhe dar uma resposta sistemática, ainda que injustificavelmente geral, e indicar três processos paralelos necessários na estrada para a liberdade. Por trás desse esquema, há uma suposição metodológica que tem a ver com a sociedade aberta. Não há um caminho necessário, inescapável, para a liberdade nem uma estrada real à frente. O que se sugere aqui corre riscos e pode fracassar em qualquer estágio. A liberdade não acontece simplesmente; ela tem que ser criada. Além do mais, sua criação está cheia de armadilhas e surpresas. No fim, ela provavelmente surgirá de forma muito menos sistemática do que sugere qualquer mapa de sua rota. Se forças adversas descerem das estrelas, ou dos vizinhos, se as pessoas certas não comparecerem no momento certo, se pequenos erros inevitáveis acabarem por ter conseqüências incontrolavelmente grandes, muito pode ser perdido. Mas enquanto pensamos no curso do esforço humano, não podemos simplesmente visualizar uma estrada sinistra para a servidão, pois há também a perspectiva de uma estrada para a liberdade.

O primeiro estágio diz respeito à Constituição. É a hora dos advogados. Com isso, claro, não me refiro aos advogados brigões dos tribunais americanos nem aos filólogos especializados em vetustos textos da tradição do Direito Romano, mas àqueles que têm a imaginação e a experiência comparativa necessárias para encontrar um caminho para fora do monopólio do partido e de todos seus monopólios subordinados. Essa é a questão fundamental e não será suficiente eliminar simplesmente o artigo relevante das Constituições em vigor.

Certo número de requisitos ocorre-nos, também. São mencionados aqui sem pretensão de esgotar o assunto. Direitos básicos têm que ser promulgados. Há, claro, convenções e cartas de direitos abundantes mas que não impediram Stalin de matar milhões nem a *nomenklatura*, em todos os países comunistas, de prender arbitrariamente e torturar pessoas, de proibir que pessoas viajem ou escolham seu emprego, ou de restringir outras liberdades elementares. A própria velha Constituição de seu país, como acontecia também com as dos países vizinhos, continha disposições piedosas que nenhuma relação guardavam com as velhas realidades, embora tenha que ser dito que permitiam a alguns engenhosos dissidentes defender seus pontos de vista, em nome da letra da lei, contra as realidades do poder. Esse o motivo por que até mesmo textos sentimentais não são inteiramente inúteis.

Contudo, o importante para dar aos direitos básicos os dentes de que necessitam para morder é o império da lei. Em nossa conversa, tentei convencê-lo da importância primordial desse conceito. Em teoria, não é fácil prová-lo. O que fazer se a própria lei é corrupta? Nas primeiras semanas de seu governo, Hitler conseguiu aprovar certo número de leis no que sobrava do último Reichstag eleito sob a Constituição de Weimar, o que nos lembra que o império da lei é mais do que o império de leis de todos os tipos. Na verdade, a Lei de Habilitação de Hitler criou exatamente o tipo de monopólio que os senhores estão tentando demolir. Na prática, a questão não é tão difícil assim. O império da lei não significa apenas possuir textos legais aos quais se referir, mas a substância efetiva desses textos. Isto, por seu turno, só pode, em última análise, ser garantido por um judiciário independente, considerado incorruptível e justo, e que inclui aqueles que são os guardiões da própria Constituição e seus princípios.

Essa, também, é uma tarefa difícil. O senhor referiu-se a ela quando me perguntou o que devia ser feito com os muitos juízes de instâncias inferiores que haviam aplicado, com toda satisfação, as "leis" comunistas, sem o menor sinal de revolta ou desalento. Substituir os ministros das mais altas instâncias sem politizar o judiciário e preparar uma nova geração para ingressar nos escalões inferiores é, com toda probabilidade, a única solução realista, mesmo que obviamente leve muito mais tempo do que os seis meses que mencionei para a mudança constitucional. Além desse ponto, este é um dos momentos em que poderíamos fazer coisa pior do que voltar-nos para o *The Federalist Papers* e, sobretudo, para a discussão do judiciário por Hamilton.

Claro, o judiciário tem que ser independente do legislativo e do executivo. Mas, como tal, isso significa pouco. Conforme nota Hamilton: "O judiciário é sem comparação o mais fraco dos três departamentos do poder . . . Pode-se verazmente dizer que nem tem Força nem

Vontade, mas apenas capacidade de julgamento; e que, em última análise, terá que depender da ajuda do braço executivo no que interessa à eficácia de seus julgamentos". Neste caso, o que pode ser feito? "A vitaliciedade no cargo" e "uma verba fixa para seu sustento" são obviamente duas coisas de que os juízes necessitam. O sistema de cortes em si mesmo pode ajudar, com um equilíbrio bem projetado entre o Supremo Tribunal e os tribunais inferiores. Há ainda a importante questão do papel dos júris. O processo legal justo tem que ser estabelecido. Menciono esses pontos, em parte, para que compreenda bem as qualidades do processo formador da Constituição dos Estados Unidos e, até certo ponto, para indicar que há meios processuais para dar força à lei. Mas outros autores são mais qualificados do que eu para examiná-los em detalhe.

O império da lei é, naturalmente, de aplicação geral, pelo menos no que interessa às regras do jogo democrático. Elas mesmas requerem exame acurado. Em vez de escrever sobre federalismo, sistemas eleitorais, finança dos partidos, organização bicameral e coisas assim, quero reiterar neste particular uma questão de princípio. Ninguém pode deixar de compreender que à medida que se elabora a Constituição da liberdade nas ruínas do velho monopólio de um único partido, a primeira preocupação deve ser como dividir e dissipar o poder. "Que haja tanta democracia quanto possível" é a máxima na mente da maioria dos elaboradores da Constituição e, por democracia, eles entendem não só o poder do povo, mas, acima de tudo, a ausência de poder nas mãos de uns poucos, quem quer que sejam eles. Desta maneira, representação proporcional e referendos são empilhados sobre descentralização, revisão administrativa e prerrogativas parlamentares. O senhor quer saber como tirar governos do poder, e não como torná-los fortes. Tudo isso é muito bom, mas pode agravar seus infortúnios, principalmente em vista da irritante relação entre política e economia. No vale de lágrimas, o senhor quer a certeza de que o governo manterá a determinação e não será desviado do curso pelo desejo generoso de aliviar as dores do povo, o que augura desastre a médio prazo. O importante é encontrar um equilíbrio apropriado de pesos e contrapesos, por um lado, e a capacidade dos governos de governar, por outro.

Permita-me dizer que, neste particular, também, não há uma conclusão clara. O Presidente Gorbachev enganou-se provavelmente ao acreditar que necessitava dos poderes extraordinários que alguns, erroneamente, associam à presidência americana, a fim de fazer o que precisa ser feito. O próprio primeiro-ministro da Polônia dispõe de relativamente pouco poder em termos puramente constitucionais, mas, ainda assim, presidiu uma das reformas mais drásticas da história recente. O poder formal não é substituto para políticas substantivas. Mesmo em termos formais, há vários métodos para estimular a iniciativa do governo, sem preparar o caminho para uma nova ditadura. O primeiro-ministro britânico tem poderes excepcionais, dentro de uma democracia parlamentar, que estão ligados a seu controle efetivo sobre a maioria no parlamento e também a seu direito residual de dissolvê-lo e convocar eleições. A mais formal *Richtlinienkompetenz* do chanceler da Alemanha Ocidental, a competência constitucional de estabelecer diretrizes de políticas, é com freqüência tornada ilusória pelas necessidades de um governo de coalizão, para nada dizer dos obstáculos burocráticos a seu exercício. A maioria das democracias européias não reconhece uma separação formal de poderes: executivo e legislativo são em geral estreitamente ligados. Sua separação e a mistura inerente de cooperação e conflito é, claro, o principal controle ao poder presidencial nos Estados Unidos.

Talvez o debate público mais relevante sobre essa questão esteja ocorrendo na Itália, onde um longo período de governo de coalizão de cinco partidos levou muita gente a pensar que nada no país funciona mais. E é isso que os senhores vão querer evitar. Dessa maneira, qualquer que seja o modelo específico escolhido, ele tem que proteger e habilitar ao mesmo tempo: proteger o país da tirania e habilitar o governo a governar.

Tudo isso nos leva de volta aos elementos econômicos que se encartam na Constituição, e não no reino da política normal. Mencionei a propriedade privada, os contratos e certas liberdades econômicas básicas. Economistas constitucionais gostariam de ir muito mais longe. As relações entre o banco central e o governo, por exemplo, colocam em pauta uma questão importante e há muito a dizer em favor de um banco central independente. Mais uma vez, o importante no particular é o esfacelamento de todos os tipos de monopólio. Tudo que cheirar a monopólio estatal sobre os processos econômicos tem que ser eliminado das regras básicas do jogo. Neste particular, e mais do que no campo das estruturas políticas, é relevante a experiência de outros países. Ao tempo em que ainda estavam resolvidos a proceder reformas, os líderes chineses compreenderam esse fato e nomearam um ministro separado para o direito econômico, que visitou as democracias do mundo. Ele deve ter reunido um grande volume de material útil, sem poder usá-lo na China. Na União Soviética, igualmente, as relações entre direito e economia têm sido assunto de grande preocupação. E, claro, há a Alemanha Oriental, onde podemos observar a introdução de todo um conjunto de novos preceitos legais para o comportamento econômico sob a forma de velhos preceitos da Alemanha Ocidental, embora o filme tenha que ser passado em câmera lenta para fazer sentido para os novos espectadores.

Mas já dissemos o bastante sobre a hora dos advogados (constitucionais). Em seguida, chega a hora dos políticos. Após a promulgação da Constituição, a política normal assume. Mas neste exato momento em que escrevo estas palavras acho que elas podem induzir a erro. Não estou realmente falando sobre uma seqüência organizada de eventos, com a elaboração da Constituição em primeiro lugar e a política econômica em seguida. Na verdade, ambos os processos têm que ser postos em movimento na mesma ocasião. A diferença — e a tensão — residem no fato de que, enquanto a política constitucional abrange as regras da mudança política e econômica, o processo da política normal divide as duas e mesmo as coloca uma contra a outra. É aqui que se tornam importantes as escalas temporais incompatíveis da reforma política e econômica, e uma ameaça a outra. Teria eu escutado realmente Lech Walesa dizer em discurso recente que talvez a democracia devesse ser suspensa durante algum tempo para que as reformas econômicas fossem feitas? Mas com certeza ouvi vozes na Tcheco-Eslováquia daqueles que gostariam de retardar a mudança econômica a fim de preservar a democracia. Deixe-me especular um pouco sobre o que teria que acontecer para tornar suportáveis essas contradições e como isso teria que ser realizado, ou melhor, deixe-me contar uma história que estimula especulação desse tipo e — quem sabe? — até mesmo ação.

Quebrar o monopólio econômico significa, por necessidade, a introdução dos elementos do mercado. Quaisquer que sejam as idéias que usemos — preços, concorrência, incentivos, até mesmo contratos — todas elas envolvem uma pluralidade de agentes que não são coordenados pelo Gosplan ou por qualquer outro monstro burocrático, mas por mãos menos visíveis. Na verdade, algumas mãos podem ser mais visíveis do que outras; o capitalismo puro dos livros-texto não é, como venho tentando demonstrar, nem uma opção muito provável nem muito desejável; a realidade nunca é pura e a liberdade é, por definição, multifacetada e algo desorganizada. Assim, algum tipo de economia de mercado segue-se das mudanças constitucionais necessárias para se construir uma sociedade aberta. Ela, contudo, pode muito bem ser uma economia de mercado social.

Posso vê-lo espigando-se na poltrona: um "terceiro caminho", afinal de contas? Não, não é nada desse tipo. Darei a minha versão da experiência da Alemanha Ocidental, de onde deriva a expressão "economia de mercado social". Não é ela um modelo, e muito menos um sistema, mas uma experiência que vale a pena examinar na estrada para a liberdade. Tudo começou com a reforma da moeda de 20 de julho de 1948. Da noite para o dia, o velho Reichsmark perdeu seu valor, e foi introduzido o Deutschemark nas zonas de ocupação britânica, francesa e americana (dessa maneira pondo em movimento, incidentalmente, a divisão da Alemanha que terminou quarenta e um anos depois com a derrubada do muro.) O núcleo desse processo era que um direito básico à moeda real era garantido a todos; na verdade, começou com todos os cidadãos recebendo 40 Deutschemarks em dinheiro vivo, uma espécie de ingresso, distribuído a todos, para entrada no recém-descoberto mercado. Com o passar do tempo, a poupança pessoal pôde ser convertida a razão de 10 para 1, mas, para todos os fins e objetivos, essa foi uma hora zero na vida sócio-econômica.

A providência técnica da reforma da moeda foi preparada pelos Aliados e introduzida com a ajuda do precursor do parlamento da Alemanha Ocidental, o Conselho Econômico. Descobriu-se mais tarde que foi de importância igualmente crítica, contudo, que, em março de 1948, esse conselho tivesse nomeado um diretor econômico chamado Ludwig Erhard. Em meados da guerra, em 1943, Erhard, que na ocasião era professor de um colégio de artes e ofícios em Nuremberg, redigira um memorando privado sobre a economia do pós-guerra, no qual supunha a derrota da Alemanha e dizia inequivocamente que "o objetivo a ser visado permanece, em qualquer caso, a economia de mercado livre, baseada em autêntica concorrência de realizações e orientada pelos reguladores intrínsecos de qualquer economia". Em 1948 e durante quinze anos subseqüentes, Erhard praticou o que pregara. Imediatamente, liberou a maioria dos preços e acabou com todo racionamento. Helmut Schmidt lembrou-nos recentemente que algumas coisas demoraram um pouco mais: o controle de aluguéis, por exemplo, continuou em vigor durante alguns anos e a conversibilidade plena do Deutsch mark só foi conseguida em fins da década de 1950. Mas a decisão estratégica de liberar os preços foi tomada imediatamente, e com conseqüências espetaculares. O mercado negro afundou e mercadorias apareceram nas lojas. Não obstante, a maioria das pessoas não tinha meios de comprá-las, e assim se queixavam e se preocupavam, e os sociais-democratas apresentaram uma moção de desconfiança no Parlamento. Ludwig Erhard, porém, sobreviveu pela maioria de um voto e permaneceu obstinadamente em seu curso até que as coisas melhoraram.

A despeito de seu título de professor, Erhard não era um teórico. Sua teoria vinha de outra fonte, notadamente de seu assessor Alfred Müller-Armack, que se tornou seu secretário de estado em 1952. Coube a Müller-Armack inventar a expressão "economia de mercado social", *soziale Marktwirtschaft*. Seu trabalho de 1949, "Propostas para a Implementação da Economia de Mercado Social" era quase um "Federalist Paper" para a reforma econômica.

Discutia os requisitos constitucionais do mercado, as condições de uma transição eficaz e as áreas em que era necessário introduzir medidas sociais. Estas últimas não constituíam uma lista muito impressionante. Os empregados teriam que ser tratados humanitariamente, mas sem restringir a responsabilidade dos empresários. A concorrência teria que ser regulada por certas regras. Era necessária uma política antimonopólios. Só quando chegou a parte de habitações e seguro social é que Müller-Armack mostrou sinais de ir além da doutrina pura da mão invisível.

Não é por conseguinte de surpreender que Müller-Armack tenha dito que "no futuro, teremos que decidir entre dois sistemas econômicos fundamentalmente diferentes, isto é, o sistema de planejamento econômico antimercado, e o sistema de uma economia de mercado baseada na livre formação de preços, concorrência autêntica de excelência e justiça social". À parte a palavra "justiça", nada nesse conceito nos parece particularmente social. Mas, também, Müller-Armack era o teórico e Erhard o executivo. Erhard não hesitava em intervir quando a ação parecia indicada. Ele certamente não era hayekiano. Suas filípicas contra abusos da liberdade e advertências em prol de um comportamento moral de mercado foram objetos de chacota durante algum tempo, mas não puderam deixar de produzir efeito, especialmente porque ele nunca hesitou em atacar direta e rudemente os pecadores.

Não obstante, isso é apenas metade da história. Erhard era membro de um governo liderado pelo político católico Konrad Adenauer. Na verdade, quando foi nomeado, Erhard, um protestante liberal, nem mesmo era membro do partido que lideraria quinze anos mais tarde, a União Cristã-Democrata (UCD). Nos primeiros anos da República Federal, a UCD foi fortemente influenciada pelas encíclicas papais sobre a reforma social, *Rerum Novarum* (1891) e *Quadragesimo Anno* (1931). Era dirigida também por um homem que, à parte seu catolicismo, sabia como conquistar e conservar poder e, por conseguinte, concluiu logo um acordo com os sindicatos, liderados por Hans Bockler. Acrescente-se a isso a influência indireta, mas forte, das forças de ocupação, e particularmente do sindicalista britânico que se tornara ministro do exterior, Ernest Bevin, e o senhor poderá começar a compreender como aconteceu que um único e mesmo governo pregava o sistema de Müller-Armack e introduzia a co-gestão na indústria de carvão e aço, uma "constituição de empresa" altamente participativa para todos e um complicado e caro plano de pensões por idade, bem como tratamento médico, tudo isso tornando a Alemanha um dos principais Estados paternalistas da Europa.

Há obviamente mais coisas nessa história, mais história, mais política e mais acidentes no sentido de eventos fortuitos e erros dispendiosos. Mas o ponto principal continua a valer. Ludwig Erhard gostava da expressão "economia de mercado social" que seu mentor e conselheiro Alfred Müller-Armack lhe soprara no ouvido. Mas suas próprias preferências políticas dificilmente justificavam o emprego da palavra "social". Em última análise, ele acreditava que o próprio mercado resolveria todos os problemas sociais, se lhe permitissem gerar crescimento suficiente. O elemento social da economia alemã entrou por outra porta, a "ala dos empregados" da União Cristã-Democrata, que continha em seu programa pensamento reformista católico e doutrina sindicalista. A economia de mercado social é, na verdade, um híbrido, mesmo uma mistura de ingredientes aparentemente incompatíveis, mas, no caso alemão, aconteceu que produziu uma infusão bastante sadia. Por tudo isso, não há um "sistema" que se possa chamar de "economia de mercado social"; há apenas uma realidade que surgiu em circunstâncias especiais, embora não necessariamente excepcionais.

A passagem pelo vale de lágrimas, no caso da República Federal, durou quatro, se é que não cinco anos. Na verdade, quase custou à UCD as primeiras eleições federais um ano e três meses após a reforma da moeda em 1948 e as primeiras medidas de liberalização de Erhard. À parte as moções de desconfiança, foram constantes os protestos contra o que os sociais-democratas chamavam de uma política para os ricos que tornava os pobres mais pobres. Ainda assim, vários fatores ajudaram Ludwig Erhard. Um deles foi a situação desalentadora da maioria dos alemães quando ele começou. As coisas só podiam ficar melhores. Outro, o clima econômico no pós-guerra, influenciado em não pequena medida pelo *boom* americano que começou na década de 1940. Outro fator foi o desenrolar do Plano Marshall, cujos efeitos se mostraram particularmente favoráveis na Alemanha. Sem dúvida nenhuma, o sangue, suor e lágrimas da passagem pelo vale foram aliviados também pelas políticas sociais que acompanharam a recuperação econômica. Por isso, um número suficiente de eleitores julgou, à época das segundas eleições federais em setembro de

1953, que o fundo do vale fora ultrapassado e que as coisas estavam melhorando. Ajudaram a aumentar o apoio ao partido de Adenauer e, após mais quatro anos, resultaram numa substancial maioria no Parlamento.

Numerosas lições podem ser tiradas da história alemã. A mais importante é que não existe essa tal coisa de política econômica sem emendas. Até mesmo o "modelo" favorito da maioria, a economia de mercado social alemã, é na verdade um híbrido de idéias e personalidades. A sociedade aberta vence. Há também a questão do papel do Plano Marshall e da conjuntura da economia mundial. Mas enquanto nos perguntamos como isso foi feito, um ponto menos óbvio chama-nos a atenção. Ele tem a ver com uma peculiar, rara, embora não necessariamente excepcional constelação de pessoas. Uma constelação triangular. No alto, destaca-se Adenauer, que teve a estatura e a representatividade para fornecer cobertura política aos demais. Sem ele, Ludwig Erhard não poderia ter levado adiante seu resoluto curso de liberalização. Quando ele mesmo tornou-se chanceler em 1963, fracassou redondamente em demonstrar a mesma estatura e representatividade. Não obstante, sob o guarda-chuva protetor de poder político e senso de finalidade de Adenauer, e com a ajuda de Müller-Armack, que produziu as necessárias idéias e a linguagem plausível para "vendê-las", Erhard pôs seu nome nos livros de história como o "pai da economia de mercado social". Por direito, ele deveria dividir essa classificação com os ocupantes do terceiro ângulo do triângulo, homens quase esquecidos hoje, notadamente Theodor Blank, o primeiro ministro federal para assuntos sociais, Hans Katzer, o primeiro presidente dos "Comitês de Empregados" da UCD, e o líder do Conselho dos Sindicatos da Alemanha, Hans Bockler.

O senhor talvez pense que me extraviei muito do mundo pós-comunista, mas lhe garanto que, em minha opinião, isso não aconteceu. Meu tema continua a ser a relação entre reforma política e econômica e a questão de como controlar as tensões entre elas e voltá-las para benefício do povo. A conclusão é de que é preciso mais de um único líder político para realizar essa façanha. Alguém tem que fornecer a proteção do poder político, alguém tem que possuir a coragem prática de tirar a economia do planejamento centralizado e levá-la para pastagens mais abertas, e alguém tem que insistir em certas políticas sociais que são corretas por si mesmas e também tornar suportáveis os efeitos colaterais mais cruéis do recém-descoberto mercado.

Mazowiecki, Balcerowicz, e Jacek Kurón, talvez? Não sei. Tampouco é provável que muitos países sejam abençoados na mesma ocasião com a presença de toda a tríade. Mas em termos da política normal de transição isso é sem dúvida altamente desejável. O fato de o Presidente Gorbachev não ter encontrado tal constelação pode ser uma das razões por que sua *perestroika* é tal fracasso.

O processo formal de reforma constitucional leva pelo menos seis meses; um senso geral de que as coisas estão melhorando como resultado da reforma econômica provavelmente não se espalhará antes de passados seis anos; a terceira condição da estrada para a liberdade é construir as fundações sociais que transformam a Constituição e a economia, de instituições viáveis em tempo bom a instituições para todas as condições do tempo, capazes de suportar as tempestades geradas dentro e fora do país, e sessenta anos mal são suficiente para lançar esses alicerces. Estamos hoje presenciando um grande teste histórico de tal tentativa, à medida que a República Federal Alemã é desafiada, após 40 anos de desenvolvimento contínuo, pela reunificação alemã e por um papel na Europa, a provar a têmpera de sua democracia, prosperidade e sociedade civil. A sociedade civil é a chave. Reúne as divergentes escalas temporais e dimensões da reforma política e econômica. É o terreno em que ambas terão que ser ancoradas para não serem levadas pelas ventanias. A hora do advogado e a hora do político pouco significam sem a hora do cidadão.

A sociedade civil está em moda na Europa Central Oriental. Timothy Garton Ash descreveu seu "papel fundamental no pensamento da oposição": "É preciso haver formas de associação, nacionais, regionais, locais, profissionais, que sejam voluntárias, autênticas, democráticas e, em primeiro e último lugar, não controladas ou manipuladas pelo Partido ou pelo Partido-Estado. O povo deve ter 'civilidade', isto é, ser polido, tolerante e, acima de tudo, não violento. Civilidade e civil. A idéia de cidadania tem que ser levada a sério". Garton Ash desconfia que "as idéias rudimentares de homens e mulheres comuns sobre o que significa construir uma sociedade civil talvez não satisfaçam o teórico político". Se não satisfazem, uma das razões tem a ver com os horizontes temporais. As associações voluntárias, autênticas, democráticas, da lua-de-mel da mudança podem entrar em colapso e morrer com a mesma rapidez com que nasceram. Houve lágrimas quando o Novo Foro dos alemães orientais terminou com 2,9% dos votos nas eleições de 1990 e alguns grupos do mesmo tipo em outros países tomaram desde então a mesma estrada para o esquecimento. Seu compatriota Adam Michnik, por temperamento e circunstâncias sempre apressado, descreveu o primeiro ano de existência do Solidariedade como "a promessa de uma sociedade civil". Eu mesmo ouvi-o dizer: "Quando nos demos conta de que éramos escravos, soubemos que tínhamos que nos tornar cidadãos". Palavras comoventes, mas palavras sobre cidadãos no coração e não no mundo real. Quando T. H. Marshall escreveu sobre a cidadania na Grã-Bretanha, achou que seriam necessários três séculos para que a idéia florescesse.

Construir instituições, e ainda mais uma sociedade civil, é uma idéia profundamente difícil. O padrinho desta carta, Edmund Burke, gostava do conceito de sociedade civil. Mas embora afirmasse que a "sociedade civil deve ser construída para vantagem dos homens", ele apenas acreditava parcialmente na palavra construída" nessa frase. "A sociedade é de fato um contrato", escreveu, mas a parceria criada por esse contrato "não pode ser obtida em muitas gerações; ela se torna uma parceria não só entre os que vivem, mas entre os que vivem, os que estão mortos e os que ainda vão nascer" e ela é também "uma cláusula no grande contrato primevo da sociedade eterna." Burke teve a sorte de viver na Inglaterra mais de quinhentos anos após a Magna Carta. James Madison viveu em território mais virgem. Teve que inventar instituições a fim de criá-las. "A justiça é o fim do governo", escreveu ele no *The Federalist*. "É o fim da sociedade civil." Isso requer não só separação de poderes e governo descentralizado, mas também salvaguardas mais práticas. A representação é uma delas. Madison reconheceu cedo que plebiscitos e referendos podem ser, na verdade, tirânicos. O tamanho é uma salvaguarda: as minorias são mais ameaçadas em sociedades pequenas do que nas grandes. Mas formulou em seguida uma idéia engenhosa: "Embora toda autoridade deva ser derivada e dependente da sociedade, a sociedade em si será fracionada em tantas partes, interesses e classes de cidadãos, que os direitos de indivíduos ou da minoria correrão pouco perigo com as combinações interessadas da maioria". Em outras palavras, uma multiplicidade de grupos, organizações e associações fornece suficientes pesos e contrapesos contra qualquer usurpação de poder.

Burke e Madison não estavam primariamente preocupados com o Estado. No tempo de ambos, ele ainda não havia adquirido a maiúscula hegeliana *E* que o transforma em uma das grandes ameaças à liberdade no século XX. Atualmente — para Adam Michnik, János Kis e numerosos "homens e mulheres comuns" — a sociedade civil está no que tange a fontes substanciais de poder, fora do Estado e, quase sempre, contra ele. Significa a criação de uma apertada rede de instituições e organizações autônomas que têm não um, mas milhares de centros, e que, por isso mesmo, não pode ser facilmente destruída por um monopolista disfarçado de governo ou partido. A sociedade civil, em certo sentido, sustenta-se a si mesma. Lembramo-nos da sociedade italiana, da Máfia e tudo mais, embora essa ressalva indique os riscos que a sociedade civil corre se não houver, ao mesmo tempo, certas regras e procedimentos obrigatórios para todos. É esse o motivo por que prefiro pensar na sociedade civil como fornecendo a âncora para a Constituição da liberdade, incluindo seus ingredientes econômicos. Ambos são necessários, a sociedade civil e o Estado, mas cada um deles possui sua própria *raison d'être* e sua própria realidade autônoma.

Poderemos *construir* uma sociedade civil nesse sentido? Temos que tentar. A cidadania certamente pode ser construída. Os direitos associados à filiação a uma sociedade — uma sociedade nacional até que haja uma sociedade mundial — são questão de legislação e políticas de apoio. Direitos civis, políticos e sociais têm que tornar-se parte do tecido da comunidade social e política. O caos criativo de organizações, associações e instituições não é facilmente construído e talvez não deva absolutamente ser tarefa de construção deliberada. É provável demais que tal intencionalidade produza uma Brasília, e não um Rio de Janeiro, uma construção artificial da qual as pessoas anseiam por escapar para os cantinhos e aconchegos da coisa real. A variedade tem que ser estimulada, a tarefa da ação deliberada é antes de habilitar do que planejar ou mesmo construir. Pequenas empresas devem ser permitidas e incentivadas. Os meios de divulgação de massa têm que ser pluralistas em seus pontos de vista. Os partidos políticos precisam ser apropriadamente financiados e independentes do Estado. (Defensavelmente, não constitui uma boa idéia fundamentar-lhes a existência e estrutura interna em um artigo da Constituição.) As grandes instituições têm que poder governar a si mesmas mesmo que seus recursos dependam em parte do governo. Isso se aplica às igrejas, às universidades e às artes. Os processos de licenciamento de organizações voluntárias devem ser reduzidos ao mínimo. A lei e todos os níveis e métodos de tributação devem estimular a criação de fundações e outros veículos de filantropia. O princípio de ação subsidiária deve saturar toda a comunidade, dispondo que o Estado só entra em cena quando ninguém mais puder ser persuadido a agir.

Embora tudo isso seja difícil de conseguir, ainda está longe de ser suficiente. Se pode ser dada, a autonomia também pode ser retirada. Se organizações dependem de financiamento, e ainda mais de financiamento de governos, elas correm sempre risco. O segredo dos Estados Unidos da América é, claro, que a sociedade civil existiu antes e o Estado só surgiu depois, por graça da sociedade civil, por assim dizer. Afinal de contas, todo o objetivo do *The Federalist Papers* consiste em dar as razões por que deve haver absolutamente um governo federal e em que condições ele é suportável. Analogamente na Inglaterra, os governantes absolutistas nunca prevaleceram sobre os barões e outras fontes de poder local na mesma extensão em que isso ocorreu na Europa continental. A Suíça é, mesmo hoje, mais uma sociedade civil, ainda que altamente organizada, do que um Estado. Por outro lado, países que tiveram que criar sociedades civis após o fato estiveram e estão em dificuldades. Neste caso, os cidadãos têm que tomar poder de empréstimo daqueles que querem manter sob controle.

Esse fato é notavelmente verdadeiro no mundo pós-comunista. "Nós somos o povo" é um belo *slogan*, mas, como máxima constitucional, é uma imagem exata e invertida do estado total que acaba de ser desalojado do poder. Se o monopólio do partido for apenas substituído pela vitória das massas, tudo será perdido antes de muito tempo, uma vez que massas não têm estrutura nem permanência. Mais uma vez, vocês na Polônia têm sorte, como notou Adam Michnik quase instintivamente, e temos que alimentar a esperança de que a retirada relativa da Igreja e a provável fragmentação do Solidariedade não destruam os princípios em que se baseia sua liberdade nacional. A questão decisiva é como preencher o fosso entre o Estado e o povo — às vezes, como na Romênia, de dimensões assustadoras — com atividades que, pela sua autonomia, criem fontes sociais de poder. Antes que isso seja conseguido, a Constituição da liberdade e mesmo a economia de mercado, social ou de outra natureza, permanecerão suspensas no ar.

O que se necessita, à parte esforços deliberados e um clima favorável a assuntos públicos, é de um estado de espírito. Garton Ash teve razão em mencionar, neste contexto, as palavras "civilidade e civil". A sociedade civil é civilizada, educada mesmo, e isso requer homens e mulheres que respeitem o próximo, embora, mais importante ainda, que queiram e possam agir por si mesmos, se necessário formando grupos de ação com outras pessoas, homens e mulheres confiantes que não vivem assustados nem tenham razões para medo — cidadãos. Pessoalmente não gosto de expressões como "cidadania ativa", que parecem colocar toda ênfase nas obrigações associadas à filiação, à sociedade. Há, para sermos exatos, tais obrigações — respeitar a lei e pagar impostos — mas devem ser mantidas no mínimo e não devem incluir, por exemplo, o voto compulsório. O direito de não votar é tão importante como o direito de não trabalhar. Além do mais, obrigações devem ser vistas por seu próprio mérito, e não transformadas em precondições dos direitos à cidadania. Os direitos de cidadania são, em princípio, incondicionais. "Nenhuma representação sem tributação" — um autêntico "imposto de urna" — seria uma perversão da cidadania, como aconteceria com uma forma de "preço de trabalho" que tornasse benefícios sociais elementares dependentes do fato de pessoas trabalharem e, por conseguinte, instituiria o trabalho forçado pela porta dos fundos. Mas depois que tudo isso é dito e feito, resta o argumento de que a cidadania não é apenas um status passivo. É uma oportunidade, uma chance de levar uma vida ativa e plena de participação no processo político, no mercado de trabalho, na sociedade. Para que o homem possa fazer isso eficazmente, certas virtudes cívicas são indispensáveis, incluindo civilidade, mas também autoconfiança. Essa é a faceta da sociedade civil que não pode ser absolutamente construída: ela tem que crescer e não crescerá em uma estação ou mesmo em uma legislatura. Sessenta anos pode ser um horizonte temporal desolador demais para que a sociedade civil se torne real. Mas, de qualquer modo, as condições diferem de um país a outro e de uma a outra sociedade, mas uma geração, no mínimo, é necessária e talvez neste particular tenhamos também que esperar pelo "teste do giro duplo" — embora de gerações, e não de eleições.

O senhor não deve ter deixado de notar que à medida que eu prosseguia nessa exploração da estrada para a liberdade (que dificilmente seria uma teoria), o tom de meu argumento tornou-se mais sombrio. A hora dos advogados é eufórica e cheia de progressos visíveis; a hora dos políticos é tensa às vezes, mas emocionante em outras; a hora do cidadão arrasta-se através de numerosos altos e baixos e seu sucesso jamais pode ser realmente medido. Por isso mesmo, enfrentamos a situação: toda a rota que tentei mapear está cheia de armadilhas e riscos. Repetindo — a liberdade não acontece simplesmente. Ela tem que ser criada, defendida em todos os pontos do processo. A tentativa pode fracassar. Algumas causas de fracasso são óbvias e também difíceis de evitar. Os líderes certos talvez não surjam, ou os que lideram podem tornarse medrosos. Nem todos os países contam com a boa sorte de ter um Erhard e um Adenauer, ou um Juan Carlos e um Adolfo Suárez, mais tarde um Filipe González, na mesma ocasião. Ainda assim, a liderança polonesa dá um bom exemplo e há Václav Havel em Praga. Até certo ponto, parece que as grandes oportunidades históricas encontram seus dirigentes.

Causas mais sérias de fracasso surgem do próprio projeto de liberdade. Em alguns países pós-comunistas, a impressão que se tem é que o colapso do centro atingiu proporções que tornam difícil a qualquer pessoa ou grupo manter as coisas coesas o suficiente para gerar reforma efetiva. A Alemanha Oriental pareceu em certa altura estar quase nessa situação, mas foi, hoje, salva pela unificação, que estendeu as estruturas legais e políticas da República Federal ao que antes era a RDA. A Romênia pode ser um exemplo no particular. Mesmo quando isso não acontece, erros podem ser cometidos na hora dos advogados, no nível constitucional. É difícil resistir à tentação de deixar que sentimentos de vingança superem o conhecimento de que o império da lei deve prevalecer. O comunista italiano (ou o que quer que ele seja chamado agora) Sergio Segre teve toda razão quando atacou os alemães orientais por terem prendido seu antigo líder, Erich Honecker: "Vocês nunca aprenderão com a história? Vai recomeçar a era dos julgamentos das décadas de 1930 e 1950? Essas pessoas estão politicamente batidas. Deixem-nas em paz em sua derrota, não recomecem as velhas histórias. Se não fizerem isso, nunca iniciarão nada de novo". A América Latina mostra as conseqüências disso. Com bons argumentos pode-se dizer que a maior fraqueza dos velhos Estados da América Latina é que a maioria deles jamais conseguiu dar realidade ao império da lei nas instituições da sociedade e nos corações e mentes do povo. Líderes e muitos membros de seus povos ou fecharam os olhos para os crimes de regimes prévios ou tiraram vingança. Tolerá-los destrói a moralidade pública e a vingança gera violência. Nenhuma das duas coisas é conducente ao estabelecimento da liberdade. O círculo vicioso tem que ser quebrado.

Mas há no baralho outros erros constitucionais. O equilíbrio entre democracia e liderança, que defendi acima, talvez nunca seja alcançado na primeira tentativa. Na verdade, muitas das regras iniciais podem parecer impraticáveis ou indesejáveis depois de terem sido experimentadas. Mais uma vez, lembramo-nos da América Latina, embora a Alemanha forneça outro exemplo. A história de alguns países transformou-se num cemitério de Constituições. No fim, ninguém confia em suas promessas de papel, não mais do que confiam no papel-moeda quando a inflação chega aos 2.000%. Entre outros pontos fortes, a Constituição americana tem o seguinte: ela é curta e sobrevive através de umas poucas curtas emendas e das interpretações do Supremo Tribunal. Reconhecidamente, a Constituição acertou na maioria dos aspectos. A Grã-Bretanha, como o senhor sabe, não tem absolutamente Constituição escrita, o que pode ter sido muito bom nos dias de Edmund Burke, mas é certamente uma deficiência hoje quando se chega ao império da lei. Não tenho certeza do que concluir de tais observações, nem o senhor terá, suponho, exceto que é provavelmente melhor que a Constituição inicial erre na brevidade do que seja detalhada demais.

E há em seguida o dilema das reformas política e econômica, a perigosa viagem pelo vale de lágrimas. Quem quer que a tenha iniciado não deve desistir ou voltar, e iniciá-la é tão indispensável como a reforma constitucional. Mas não temos que viajar sem provisões nem proteção. Não há necessidade de tornar a vida mais difícil do que já é. À parte rações de emergência e um pouco de divertimento à noite, podemos pensar em várias formas para aliviar a travessia. O ponto mais importante a lembrar é que não há essa tal de política econômica sem emenda, assim como é importante ter a bordo um único reformador com uma visão clara e a coragem de prosseguir a despeito de numerosos óbices.

O fracasso desponta ameaçador no horizonte enquanto procuramos a estrada para a liberdade. *El desencanto* é quase inevitável e piores estados de espírito e de negócios que o mero desencanto são certamente concebíveis. O que significaria tal fracasso? Aonde levaria países que se livraram do monopólio do socialismo da *nomenklatura* de um único partido? Não, tenho certeza, de volta ao velho regime. Pelo menos em seu aspecto negativo, a revolução na Europa é um processo irreversível.

É simples a razão para essa afirmativa confiante. Poderíamos provavelmente explicá-la analisando as dificuldades do "inimigo conservador" de Gorbachev, Yegor Ligachev. Há sem dúvida alguma membros da antiga *nomenklatura* que se lembram saudosos do mundo aconchegante de Brezhnev, das dachas, das limusines blindadas, e das votações de 99%. No devido tempo, eles provavelmente nos dirão que o velho regime não era tão ruim como agora pensamos e que, de muitas maneiras, é preferível aos destroços que a revolução deixou no seu rastro. Mas mesmo que, por algum acaso, eles — digamos, Ligachev — voltassem ao poder supremo, não poderiam fazer muito mais do que dizer a todos: "Eu avisei". O velho regime era, pelo menos em sua última fase, uma ficção. Entrou em colapso à menor provocação. Não só não havia para ele apoio popular — o que após as eleições de 1990 se tornou evidente para todos — mas mesmo sem tal apoio o Estado, o partido e a economia haviam perdido a capacidade de funcionar. Conforme mostra o exemplo, esse mundo de fingimento pode acontecer, mas não pode ser criado, e ainda menos recriado. Neste sentido, o comunismo desapareceu para nunca mais voltar.

Mas como enfatizei ao longo de todas estas páginas, há muitas alternativas, das quais a estrada para a liberdade é apenas uma das possíveis. É inteiramente concebível que um Ligachev presida a mistura confusa de uma volta aguada a alguma forma de planejamento central, de forças militares que tentam manter a lei e a ordem e preservar a União, de uma mal-humorada aceitação da continuação do sofrimento do povo. Na Europa Central Oriental são concebíveis muitas infelizes combinações. Governos que mudam rapidamente e mesmo regimes que deixam poucos traços, salvo um desencanto quase total, são tão possíveis quanto novos monopólios políticos e prolongados estados de confusão e desorientação.

O maior risco, porém, é de um tipo inteiramente diferente. Hesito em usar a palavra, mas é difícil bani-la do pensamento: o fascismo. Com isso me refiro à combinação de uma nostálgica ideologia de comunidade que traça rigorosas fronteiras entre os que pertencem e os que estão de fora, com um novo monopólio político de um homem ou de um "movimento" e uma forte ênfase em organização e mobilização, e não em liberdade de escolha. O império da lei seria suspenso; dissidentes e desajustados seriam encarcerados; minorias seriam escolhidas como objeto de ira popular e de discriminação oficial. O fascismo nesse sentido não precisa ser tão horrendo como o Nacional-Socialismo alemão. O genocídio sistemático não é conseqüência necessária de seu domínio, embora seja sempre provável. Seria, de qualquer maneira, uma tirania que teria suas origens no que nos acostumamos a chamar de direita porque aliada com os militares e as demais forças da "lei e da ordem". Ela apela para sentimentos reacionários e sonhos da pureza de uma era passada, e não para as visões utopistas de um futuro melhor. Esse fascismo pode apresentar numerosas faces — Mussolini e Franco, Perón e Pinochet.

Esse risco ocorre à mente não apenas por causa da perspectiva de se ter que cruzar o vale de lágrimas, o colapso aparentemente irremediável do centro de autoridade, ou mesmo a possibilidade de um profundo desencanto de parte da maioria com as promessas de democracia. Um fator mais importante é a ascensão do anti-semitismo e de um nacionalismo que pouco tem a ver com a nação-estado e muito com a homogeneidade étnica e com ressentimentos daqueles que são diferentes. Mas, acima de tudo, estão surgindo certos processos sociais, pelo menos em alguns países da Europa Central Oriental (incluindo, indubitavelmente a antiga República Democrática Alemã), que exibem uma sobrenatural semelhança com a síndrome que gerou o fascismo na década de 1920.

Na literatura, encontramos ainda explicações concorrentes do nazismo e das versões mais brandas do fascismo. Alguns apegam-se à crença de que o fascismo é um produto da sociedade de massa, na qual foram desmanteladas todas as estruturas de classe e partido. Outros, principalmente em sua parte do mundo, abandonaram muitos dogmas do marxismo-leninismo mas não a tese de que o fascismo é, de alguma maneira, o clímax sinistro do capitalismo. (A conclusão inevitável, por conseguinte, é que o capitalismo deve ser evitado a todo custo.) Ambas as explicações naufragam no simples fato de que a única sociedade do mundo que mais se aproxima da sociedade de massa, bem como da encarnação do capitalismo, a dos Estados Unidos da América, mostrou também ser inteiramente imune a essa tentação. É bem verdade que Henry Ford publicou o alegado *Protocolo dos Sábios do Sião* no seu *Dearborn Independent* em princípios da década de 1920, pouco antes de ser revelado que haviam sido forjados pela polícia secreta tzarista. O grande capitalista, porém, não persuadiu as massas de Detroit e ele mesmo talvez não se tenha convencido da conspiração judaica para dominar o mundo. Após a Grande Depressão, a América escolheu Roosevelt e a reforma, em vez de Hitler, terror e guerra. E aquele outro país firmemente capitalista, a Grã-Bretanha, conseguiu atravessar, a trancos e barrancos, as décadas de 1920 e 1930 sem danos à democracia e à regra do direito.

O solo em que prospera o fascismo é constituído de terra diferente. Sua principal característica é o impacto súbito das forças do moderno mundo industrial sobre uma sociedade que está despreparada porque conservou muitas das características de uma era mais antiga, esclerosada pelo status, autoritária. Os dois simplesmente não combinam. Como resultado, importantes grupos descobrem que foram desalojados e ficam desorientados. Ficam entalados no meio, entre o velho e o novo. Odeiam o capitalismo tanto quanto o socialismo, tanto os novos ricos como os novos pobres. Sãó fazendeiros e lojistas mas também membros, por status e educação, da nova classe média — servidores públicos, trabalhadores burocráticos, até mesmo engenheiros. Nesse ambiente, um movimento político que promete destruir o presente e voltar ao passado possui grande atração e poucos reconhecem com presteza suficiente que não pode haver retorno a velhas posturas. Na verdade, o fascismo é, acima de tudo, uma força destrutiva e, logo depois, o poder cru assume o lugar de todas as ideologias. Mas quando o povo nota o buraco onde caiu, e o *Bildungsburger* começa a lamentar as manifestações prematuras de lealdade que contribuíram para estabilizar o regime de terror, é tarde demais.

Seria inteiramente errado aplicar, sem importantes ressalvas, esta análise ao mundo pós-comunista. Em primeiro lugar, se o comunismo é modernização para retardatários, ainda é uma forma de modernização. Em segundo, há grandes diferenças entre países. A maioria passou realmente pelo purgatório, se não pelo inferno, do fascismo, e acredito firmemente que, neste particular como em outros, não molhamos os pés duas vezes no mesmo rio. Mas é notável a extensão com que estruturas sociais ultrapassadas foram preservadas nos países comunistas. Talvez não sejam estruturas autoritárias pré-industriais, lembram mais nossas próprias condições na Europa nos anos que se seguiram imediatamente à guerra. Philip Roth retroage a um tempo ainda mais remoto: "Há ainda um verniz pré-II Guerra Mundial nas sociedades que, desde a década de 1940, estiveram sob dominação soviética. Os países do mundo satélite foram colhidos em uma dobra do tempo." Despertam com um choque, um choque pessoal, para começar. Roth cita Helena Klinova que disse que "os neuróticos estão ficando piores" porque toda estrutura desapareceu e eles "se encontram, de repente, em um mundo de opções". Karl Heinz Bohrer descreveu o curioso *Doppelgangereffect* da Alemanha Oriental sobre a Alemanha Ocidental. Os alemães ocidentais estão irritados porque "vêem sua história, seu passado, voltar a eles". O que é que vêem os alemães orientais? Sem dúvida nenhuma, uma sensação de deslocamento. Choques pessoais se transformam em choques sociais. Sonho e realidade se separam, a menos que alguém apareça com a falsa promessa de reuni-los novamente.

Como sabe, não me impressionei nem fiquei perturbado com sua enfática defesa de livros baratos e das virtudes culturais do velho regime. O senhor não pode, realmente, ter as duas coisas e, se tentar fazer isso, o preço será alto. O senhor terá que deixar que a onda de modernidade, mercado, esplendor barato e tudo mais role por cima de sua pessoa, e providenciar para trazer novamente a cabeça acima da água depois que ela passar. De outra forma, o perigo de um coice de arma, de tipo fascista, será ainda maior. Odeio pensar na combinação de chefes militares, planejadores econômicos e ideólogos raciais que pode ser guindada ao poder por grupos deslocados e desencantados. Cuidado com as primeiras manifestações nesse sentido! Fundamentalistas estão à espera, em muitas esquinas, para cobrar suas contribuições daqueles que perderam a coragem na estrada para a liberdade.

Essas conseqüências do fracasso são péssimas. Mas nem mesmo mencionei ainda um conjunto de questões que se enquadra diretamente no meu argumento e que diz respeito ao mundo externo. Até agora, argumentei na maior parte do tempo como se todas as sociedades pós-comunistas pudessem seguir seu próprio caminho sem interferência de outras iguais a elas ou de potências fora de sua órbita. Suas perguntas ansiosas sobre a Alemanha e a Europa deixam claro que não está igualmente otimista a esse respeito. Nem eu. Uma invasão soviética não é o único perigo para as novas democracias. Talvez seja a perspectiva menos ameaçadora, pelo menos para os países independentes da Europa Central Oriental. (As repúblicas soviéticas que lutam pela independência evocam, infelizmente, o espectro da Praça Tiananmen.) Temos que nos guardar contra a paranóia. O resto da Europa, e as superpotências mais além, não constituem primariamente uma ameaça. Elas podem estender uma mão amiga na jornada para a sociedade aberta. Ainda assim, elas colocam questões sobre as condições do sucesso e as conseqüências do fracasso na estrada para a liberdade.

Principalmente sobre a Alemanha e a Nova Arquitetura da Europa

O núcleo de meu argumento nesta carta é que os países que se livraram do socialismo realmente existente não adotaram, em vez dele, outro sistema, como o capitalismo. Escolheram a sociedade aberta, na qual há centenas de maneiras de caminhar para a liberdade e há um punhado delas em oferta em qualquer dado tempo. Pelas mesmas razões, esses países não abandonaram o Leste para se juntar ao Oeste. Eles querem se juntar à Europa. Timothy Garton Ash identificou esse desejo três anos antes da revolução de 1989 em seu ensaio "Does Central Europe Exist?": "Devemos compreender que o que era *realmente* centro-europeu sempre foi ocidental, racional, humanista, democrático, céptico, e tolerante. O resto era europeu oriental, russo, ou possivelmente alemão."

Ele reapresentou o argumento após o fato (desta vez, sem o adjetivo "central"): "Viajando de um lado para o outro entre as duas metades do continente dividido, pensei algumas vezes que a linha divisória real é entre aqueles (no Ocidente) que têm a Europa e aqueles (no Oriente) que acreditam nela. E em toda parte, em todas as terras, a frase que o povo usa para sumariar o que está acontecendo é 'a volta à Europa'".

A primeira questão que precisa ser colocada antes de irmos mais adiante é a seguinte: onde fica a Europa? Ou melhor: onde não fica? Evidentemente, não estamos falando do grandioso desenho de uma Europa que se estende na direção leste, de São Francisco a Vladivostock. Houve boas razões para a Conferência sobre Segurança e Cooperação na Europa (CSCE) incluir o Canadá e os Estados Unidos, e também a União Soviética, mas a intenção não foi a de transformar isso numa definição da Europa. A Europa figurou, por assim dizer, como seu objeto, e não como seu sujeito. Por mais europeus que os Estados Unidos e o Canadá (e também a Austrália e a Nova Zelândia) possam ter sido, eles não são hoje parte da Europa. Questões mais sérias surgiram mais perto de casa. Alguns gostariam de definir a Europa como estendendo-se de Brest, na costa atlântica da França, a Brest na fronteira polono-soviética, dessa maneira excluindo não só a União Soviética mas também a Grã-Bretanha e a Irlanda. Essa definição seria injusta com os irlandeses, que se mostraram leais e ativos europeus na Comunidade Européia, se é que não mesmo antes disso. E seria também profundamente errônea para a Grã-Bretanha. Quaisquer que sejam as relações especiais que o Reino Unido possa acalentar com os Estados Unidos da América e a Comunidade Britânica, seu destino está firmemente ligado ao da Europa. Ou como disse o ex-secretário de defesa britânico, Michael Heseltine: "A maré da história levou-nos para mais perto das praias da Europa. Temos que aceitar esse destino; o vento jamais será mais favorável."

A questão mais difícil é a do lugar da União Soviética e ela merece também uma resposta inequívoca. Já mostrei minhas cartas e disse que, no que me interessa, a Europa termina na fronteira soviética, onde quer que ela possa estar. Se a Lituânia, Letônia e Estônia conseguirem fazer valer sua alegação de que não pertencem à União Soviética, então elas são parte da Europa (embora o Azerbaijão não seja, mesmo que obtenha independência), mas, à parte isso, a Europa é quase coextensiva à zona do Fuso Horário da Europa Central (por motivo do qual a Grã-Bretanha talvez abandone antes de muito tempo sua querida "hora de Greenwich"). Ao argumentar desta maneira, descubro que me encontro em interessante companhia. O porta-voz para política externa do ex-Partido Comunista Italiano, Giorgio Napoletano, contou-me que, quando visitou o Presidente Gorbachev com o então presidente de seu partido, Alessandro Natta, iniciaram a conversação informando ao inventor da expressão que, no que lhes interessava, não havia uma "casa comum" para a Itália e a União Soviética. O lar comum europeu dos italianos era a Comunidade Européia e mais os Estados da Europa Central Oriental. Willy Brandt, quando provocado sobre o assunto e perguntado se incluía a União Soviética na Europa, respondeu: "Não. A casa européia é uma dessas coisas. Não acredito que, no futuro, Vladivostok pertença a ela." A União Soviética "tem certamente um forte componente europeu e não apenas pouco da cultura européia", continuou ele, mas as relações com ela "não são o mesmo problema que relações entre a Europa Ocidental, a Europa Central e os países que em anos recentes foram chamados, de um modo um pouco exagerado, de Europa Oriental".

Pobre Vladivostok, que pode de fato ser mais européia do que Yerevan ou Baku! Mas é importante o instinto dos dois líderes socialistas. Há alguma coisa diferente nas relações entre, digamos, a França e a Polônia e entre a França e a União Soviética. Faz também diferença se a Espanha é solicitada a dividir um lar com a Hungria ou com a União Soviética, para nada dizer dos sentimentos dos centro-europeus orientais a respeito de seu grande vizinho. Se fosse explicar a diferença, três pontos me ocorreriam logo. O primeiro é que há alguma coisa suspeita no desejo da potência hegemônica de ontem de pôr casa com aqueles que ocupou e manteve sob sua tutela por tanto tempo. Provavelmente será melhor deixar de fora esse urso cinzento. A segunda razão é que a União Soviética, a despeito de toda sua história européia, é um enorme país em desenvolvimento que tem um caminho muito mais longo a percorrer do que os demais em sua órbita européia, antes que se torne parceiro pleno do mundo moderno. O terceiro ponto, e o mais importante, é que a Europa não é simplesmente um conceito geográfico ou mesmo cultural, mas um conceito de aguda significação política. Isto surge pelo menos em parte do fato de que países pequenos e médios tentam determinar juntos seu futuro. Uma superpotência não tem lugar no meio deles, mesmo que não seja um gigante econômico e talvez não mais um gigante político. A capacidade de matar várias vezes toda a humanidade coloca a União Soviética em companhia diferente da Alemanha e Itália, Polônia e Tcheco-Eslováquia, e mesmo das potências nucleares Grã-Bretanha e França.

Se há uma casa ou lar comum europeu a que almejar, eles não serão por isso mesmo os de Gorbachev, mas um a oeste do seu e do império periclitante de seus sucessores. Mas antes de passar a suas perguntas específicas sobre a Alemanha e a Europa, outro mito precisa ser explodido. Para os senhores e os povos da Tcheco-Eslováquia, Hungria, Iugoslávia, Romênia e talvez mesmo Bulgária, falar de uma "volta à Europa" em vez de, digamos, deserção para o Ocidente, é muito bom enquanto a Europa não for transformada em uma ideologia concretizada. A Europa não é um terceiro caminho entre o Oriente e o Ocidente. Não é simplesmente um caminho, de modo algum. Hans Magnus Enzensbergerger captou o encanto e excepcionalidade dessa parte do mundo em seus esboços no *Europe, Europe*. Estudou a periferia — Irlanda, Portugal, Suécia, Hungria — e contou histórias sobre pessoas comuns e suas vidas. Elas podem ter alguma coisa em comum, no mínimo que não são as vidas de coreanos, quenianos, ou mesmo colombianos ou californianos. mas além desses negativos, são as extraordinárias diferenças culturais nessa pequena península ligada ao vasto continente da Ásia que tornam a Europa especial. A Europa será para sempre uma colcha de retalhos de línguas e culturas de vida, política e economia. Para os países que finalmente escaparam do socialismo da *nomenklatura*, a volta à Europa significa, por conseguinte, tal como a sociedade aberta, acima de tudo, a oportunidade de serem eles mesmos e de não se conformarem a um modelo hegemônico imposto.

A mudança que ocorreu foi maciça e terá conseqüências. Terminam quatro décadas que começaram em 1946 quando George Kennan enviou de Moscou seu "longo telegrama" sobre os limites do interesse soviético em uma ordem comum para o mundo e Winston Churchill pronunciou seu discurso sobre a "Cortina de Ferro" em Fulton, Missouri. Foram as décadas da Guerra Fria. Talvez as mudanças que se seguirem à revolução na Europa também nos levem (nas palavras do Presidente Mitterrand) a *sortir de Yalta,* a afastar-nos de Yalta e Potsdam, onde foram traçadas as fronteiras da Europa no pós-guerra, embora isso ainda seja uma questão aberta. Elas certamente puseram um fim à monstruosidade brezhneviana do Acordo de Helsinque, de deixar tudo na Europa exatamente como estava, com garantias mútuas do *status quo* e a perspectiva néscia de substituir a Guerra Fria por uma igualmente Fria Paz. Por sorte, o Ato Final não conseguiu inteiro sucesso nesse objetivo, mas eu pelo menos acho difícil entender como ele — ou mesmo o muito citado "processo CSCE" — pode realmente ajudar a projetar a arquitetura de uma nova Europa de mudança e liberdade.

A mudança, claro, não é simplesmente desejável, mesmo quando urgente sua necessidade. É também ameaçadora. Velhas ameaças foram contidas por um *status quo* insatisfatório mas conhecido, mas, à medida que ele desmorona, emerge também dos destroços com algumas novas preocupações. Uma delas é a Alemanha. É espantosa a rapidez com que o bicho-papão alemão veio a ocupar o lugar do inimigo favorito de todas as pessoas e que durante tanto tempo foi propriedade exclusiva da União Soviética. Entre as três "reunificações" mencionadas por André Fontaine, a da linguagem é bem-vinda sem reservas, a da Europa é agradável, embora uma perspectiva ainda um pouco distante, mas a da Alemanha é uma ameaça para muitos. O senhor colocou o dedo no ponto crucial: não iremos ver uma Europa balcanizada, dominada pela única potência que está se unindo e não se desintegrando?

O senhor decerto compreenderá que este assunto se reveste de uma pungência toda especial para este seu correspondente, cuja vida tem sido marcada pelas forças conflitantes de obrigações para com seu país natal, a Alemanha, e a tentação de seu país de opção, a Grã-Bretanha. Quando resolvi (em duas ocasiões) aceitar convites para morar na Grã-Bretanha e ligar meu futuro ao mundo de Locke, Burke, Milton e, claro, de Popper (ou melhor, com mortais mais humildes que dominam o discurso público de hoje nesta ilha abençoada, embora não inteiramente perfeita), isso teve muito a ver com meus sentimentos a respeito da Alemanha. Por isso mesmo, sou tudo menos imparcial nesse assunto. Fico perturbado quando o trapalhão chanceler da Alemanha Ocidental, Helmut Kohl — cujo senso de poder é mais desenvolvido do que o poder de sua sensibilidade — sacrifica nossa evidente necessidade de ter fronteiras seguras em troca de alguns votos duvidosos nos sertões da

Baviera. Quando o assunto é Alemanha, fico dilacerado entre esperanças e temores, como aliás muitos de nós por toda a Europa.

No lado da esperança temos que notar, acima de tudo, o notável sucesso da democracia na Alemanha Ocidental. Lembro-me de suas perguntas sobre garantias às fronteiras polonesas, mencionando tratados assinados por todas as partes e endossados pelos Aliados. Eles podem muito bem ser necessários, mas, em última análise, só há uma garantia e ela é um país que superou suas neuroses históricas ao descobrir um molde, que torna desnecessário a seus cidadãos compensar insatisfações em casa com a criação de caos além-fronteiras. Uma democracia alemã confiável no sentido de uma Constituição de liberdade e uma sociedade civil é uma aposta mais segura para os senhores e para outros países do que qualquer pedaço de papel jamais poderá ser, por mais ilustres sejam as assinaturas que contém.

Mas quero ir um passo adiante. Se não acreditamos que a democracia alemã é estável após 40 anos de prova — incluindo o teste do giro duplo — de que modo podemos sequer tomar a estrada para a liberdade no mundo pós-comunista? Decerto, por trás de seus esforços, há a esperança de que, dado tempo suficiente, a sociedade aberta possa tornar-se real e firmemente assentada na Polônia, Tcheco-Eslováquia, Hungria e outros países. Se os senhores acreditam nisso, têm também que acreditar nisso no que interessa a outros países, e a Alemanha é a principal candidata a essa confiança, após todos estes anos.

Confesso que, na década de 1950, eu me sentia longe de feliz com a maneira como as coisas se desenvolviam na República Federal. Na verdade, eu falava como faz hoje o senhor a respeito das condições contemporâneas na Polônia e, como importantes intelectuais alemães, sobre o processo de unificação. Eu era social-democrata na ocasião e a social-democracia estava ainda na oposição. Uma década depois, vim a compreender que as razões de minha inquietação eram, simplesmente, o lado andrajoso de um progresso notável. Adenauer não era (apenas) uma velha e matreira raposa que queria realizar seus sonhos de Weimar, de uma República do Reno, sem levar em conta a oposição, e Erhard não era (apenas) insensível no que dizia respeito aos pobres e desprivilegiados, mas os dois estavam criando condições para colocar o navio do estado em uma rota segura juntando-se à frota européia e providenciando para que não houvesse carência de provisões. Quando, em meados da década de 1960, escrevi o *Society and Democracy in Germany*, foram muitas as críticas que formulei — afinal de contas, o país não passara ainda pelo teste duplo de giro — mas argumentei também que mais coisas haviam mudado do que simplesmente a superfície política e econômica da sociedade alemã. Uma Constituição útil, a Lei Básica de 1949, transformara-se em realidade viva nos conflitos políticos entre partidos que haviam se descartado de muitos dos absurdos e de um bocado dos sentimentos de seus predecessores de Weimar, e, por baixo do novo clima político, a sociedade mudara profundamente. "Graças" aos efeitos não intencionais do governo de Hitler, a Alemanha finalmente se juntara ao mundo moderno e estava começando a aceitar o fato de que, na sociedade aberta, o indivíduo tem que conviver com o conflito e dar-lhe uso criativo, em vez de tentar varrê-lo para baixo do tapete e procurar uma falsa harmonia que quase sempre significa tirania.

Não há razão irresistível para que esses ganhos corram risco como resultado do processo de unificação. É bem verdade que o povo da antiga RDA não teve 40 anos de experiência com o estilo democrático de vida. Assistir à televisão da Alemanha Ocidental não substitui a vida em uma sociedade civil. O senhor teve razão em observar que, na fronteira entre a Alemanha Oriental e a Polônia, abundam incidentes chauvinistas. O potencial da extrema direita na *Lander* oriental da nova Alemanha será provavelmente muito maior do que na velha República Federal. Em parte alguma foi o choque pessoal e social do impacto da sociedade de consumo, no mundo em câmera lenta de socialismo declinante de *nomenklatura,* mais forte do que na Alemanha Oriental, onde teve caráter imediato e total. Por tudo isso, há indubitavelmente algo parecido com um potencial fascista.

Mas observa-se também um desejo profundo de seus habitantes viverem como seus primos do Ocidente e, claro, esse desejo será satisfeito. No início, ele pode ser superficial e puramente materialista, mas outros aspectos do estilo de vida ocidental forçosamente se seguirão. Tudo isso poderia ter sido mais fácil se houvesse líderes políticos mais atuantes na velha República Federal, mas é preciso notar também que nenhum dos líderes à vista demonstra a menor dúvida sobre os valores de sua Constituição de liberdade, sociedade civil e cooperação européia. O curso mais provável, por conseguinte, é um *replay* de algumas das experiências da década de 1950, incluindo suas maiorias políticas e, ao fim do dia, uma República Federal da Alemanha maior, mas também essencialmente bem conhecida.

Mas, ai de nós, as esperanças e receios estão próximos demais. Fale-se com intelectuais alemães sobre um *replay* da década de 1950 e, imediatamente, vemos que se arrepiam todo. É exatamente isso o que não querem e aí está novamente uma das razões por que a *intelligentsia* está em rixa com a história. Pensam alguns que isso não importa. Ludwig Erhard pensou assim e, provavelmente, o mesmo pensa o chanceler Kohl. Essa opinião foi equivocada na década de 1950, como seus proponentes descobriram a duras penas na turbulenta década de 1960 e é equivocada hoje por uma razão ainda mais séria. Isso tem a ver com a questão irritante da nação alemã, que é uma das duas razões da apreensão com a nova Alemanha, e, a outra, com a Europa.

De poucas palavras Helmut Kohl gosta tanto como de "mãe-pátria". Quando fala da Waterland, o som profundo, quase wagneriano, ressoa através de sua envergadura nada insignificante, de modo que, com freqüência, e caracteristicamente, ele tenta aliviar o efeito adicionando um adjetivo como *wunderschon*. "Nossa maravilhosamente bela mãe-pátria" é aquilo a que se refere. Não é fácil dizer o que isso significa exatamente, mas, com certeza, essa linguagem aborrece mentes mais críticas. De modo que passam ao outro extremo. Gunter Grass, por exemplo, sentiu-se estimulado a escrever um trabalho no qual orgulhosamente se descreveu como um *vaterlandslose Geselle,* um indivíduo sem pátria, que era a maneira como a direita costumava descrever os sociais-democratas antes da I Guerra Mundial e mesmo depois. "Temo não apenas uma Alemanha de dois Estados simplificada em um único", escreveu Grass, "mas rejeito o estado unificado e ficaria aliviado se — por *insight* alemão ou objeções dos vizinhos — isso não acontecesse". Pressionado para justificar seus temores, Grass continua a voltar a uma única palavra — Auschwitz. "Quem quer que pense atualmente na Alemanha e procure soluções para a questão alemã tem que pensar também em Auschwitz".

Concordo. Mas não será simplista demais insinuar uma conexão quase causal entre uma Alemanha unificada e Auschwitz? Não estará Grass empurrando a responsabilidade para longe, para Bismarck, para os meros fatos da geopolítica, em vez de colocá-la onde ela deve estar, talvez na "política do desespero cultural" e nas centenas de desumanidades da vida diária? Meu amigo Fritz Stern contribuiu tanto quanto qualquer outra pessoa para nossa compreensão das "tentações do totalitarismo", mas, pelo menos por uma vez, tenho que discordar dele. Quando ele se dirigiu ao Bundestag da Alemanha Ocidental em 1987, por ocasião do aniversário do dia 17 de junho de 1953, quando os operários de Berlim Oriental se ergueram contra o regime comunista, disse o seguinte: "Uma Alemanha unificada trouxe indescritíveis infortúnios para si mesma e para outros povos". Ele não se referia a Auschwitz, mas aos "demônios do poder hegemônico", às duas guerras mundiais. Mesmo assim, não estar dividida dificilmente era a principal razão, e muito menos se segue que unificação signifique a volta dos demônios.

Mesmo sem Auschwitz e as guerras, porém, há causa suficiente para apreensão. O fato de que muitos intelectuais importantes não conseguem conciliar-se com a realidade é uma delas. Isso porque Gunter Grass não está absolutamente só. Há, para sermos exatos, outro lado que possui seus próprios pontos cegos. Karl Heinz Bohrer preocupa-se com o paroquialismo da República de Bonn e identifica ganhos não só morais mas também quase estéticos na unificação. Martin Walter quer não só poder ir ao teatro em Leipzig e Dresden, sem ter que pensar na questão alemã, mas considera nações como poderes mais do que políticos, quase "geológicos". Brigitte Seebachen-Brandt refere-se aos "imponderáveis da alma do povo", que precisam ser levados em conta. O editor cultural do *Die Zeit*, Ulrich Greiner, censura todos eles e especula: "Qual é, realmente, a justificação da unidade alemã?" Dois dias antes das eleições de 18 de março na Alemanha Oriental, ele afirmou que "o ônus da prova cabe àqueles que estão cantando a canção da nação alemã". Cabe, realmente. Sinto-me quase tentando a invocar novamente nossa velha amiga, a História com *H* maiúsculo, mas os eleitores da Alemanha Oriental aliviaram-me dessa necessidade.

O âmago do problema é que os intelectuais alemães não aceitaram ainda o conceito de nação. Era, claro, difícil fazer isso. A "nação atrasada" (na frase de Helmuth Plessner) permaneceu precária exatamente porque nunca foi claramente definida. Mas havia necessidade de adicionar imprecisão intelectual à indefinição geográfica? Greiner cita Max Weber, que lutou também com o problema alemão de nacionalidade. Para Weber, "nação" significa "acima de tudo, indubitavelmente: que se pode esperar que certos grupos de pessoas demonstrem um senso específico de solidariedade em relação uns aos outros. Ela, portanto, pertence à esfera de valores." Pertence, mesmo? E "indubitavelmente"? Eu tenho mais do que apenas dúvidas, uma vez que um senso de solidariedade e Solidariedade ajudaram nossa trágica nação em seu notável caminho. O problema com os intelectuais alemães é que a maioria deles sempre tentou justificar — ou atacar — a nação ou com solidez (econômica) mal colocada ou com igualmente mal colocada imprecisão (cultural) e, no processo, a força real da nacionalidade escapou por entre seus dedos.

Um homem que não cometeu nenhum desses enganos e que, apesar disso, é um céptico no tocante à unidade alemã, Jurgen Habermas, em uma série de artigos escritos desde a revolução pacífica na Alemanha Oriental, desenvolveu o tema do "patriotismo constitucional". Reservou sua ira para o que chamou de "nacionalismo do Deutsche mark.": "Uma única unidade de conta para todos os súditos. Interesses alemães são pesados e promovidos através de marcos alemães". Neste particular, Timothy Garton Ash é mais sutil quando menciona o pacote do qual a moeda é meramente um símbolo. O que os alemães orientais querem é "em primeiro lugar, o DM, claro, mas não só o DM, querem a imprensa livre, a regra do direito, o autogoverno municipal, e a democracia federal." Habermas, no entanto, sabe que esse pacote está eivado de história e que pode sempre desfazer-se em pedaços. Um Estado alemão não pode ser baseado em "fatos pré-políticos" de cultura e história nacional; ele tem que ser uma mera "nação de cidadãos" e, nesse sentido, "uma nação não-nacionalista". Muitos alimentaram a esperança (ou assim argumenta Habermas) de que essa situação tivesse se tornado real na República Federal, mas o processo de unificação lança dúvidas sobre essas esperanças. Somos lembrados do fato de que, ao contrário das "clássicas nações-estados do Ocidente", um senso de nacionalidade e uma "mentalidade republicana" não se complementaram mutuamente na Alemanha desde 1848. É verdade, nota Habermas, que as "instituições liberais" vieram a ser geralmente aceitas na República Federal após quarenta anos: "Mesmo sem as raízes da mentalidade republicana, *acostumamo-nos* às tradições de liberdade". A ênfase é dada por Habermas. Ele quer dizer que não é suficiente simplesmente acostumar-se a instituições. Estará ele sonhando com o "grande contrato primevo da sociedade eterna", de que falava Burke? Certamente ele tem a esperança de que a criação de uma nova e unificada Alemanha seja exaustivamente debatida, e, em seguida, submetida ao povo, de modo que a decisão da maioria se torne um ato consciente, em torno do qual possa cristalizar-se a mentalidade republicana de gerações futuras.

Podemos discordar dessa receita e dar mais ênfase a pessoas acostumando-se a tradições, mas o fato é que o argumento de Habermas toca as questões críticas. O ponto tão freqüente e perigosamente ignorado pelos alemães, sejam eles intelectuais, políticos ou cidadãos comuns, é que nação-estado diz respeito à regra da lei e à Constituição. Tem a ver com construir, manter e desenvolver instituições antes que o produto nacional bruto seja somado e subam os vapores do sentimento nacional. A unidade alemã é uma oportunidade sem igual para provar esse argumento. Ou terá Habermas razão, afinal de contas? Temos que falar já sobre uma oportunidade perdida? Foram a mãe-pátria e o Deutsche mark vitoriosos, chegando a Constituição num pobre terceiro lugar e a construção de instituições ainda mais baixa na agenda? Em um sentido, o mapa da estrada para a liberdade que desenhei em resposta às suas perguntas, e de outros do mundo pós-comunista é também um roteiro para a nova Alemanha. Os intelectuais do país não ajudaram a especificar o argumento.

Têm sido nebulosos e negativos, em vez de precisos e construtivos. Esse o motivo por que há essas preocupações sobre a Alemanha unificada que estão surgindo sob seus olhos.

Há também outra razão para apreensão. Igualmente séria, ela vincula o fracasso, em definir a nação, a falsas esperanças em uma nova Europa. Elas talvez não sejam peculiares à Alemanha — de qualquer modo, qualquer ameaça alemã é uma ameaça a seus vizinhos e a toda a Europa — mas foram ligadas ao debate sobre a unidade alemã. Peter Glotz, o mais eloqüente intelectual social-democrata em atividade e, de quebra, político ativo, tentou formular "um conceito da nova Europa para a esquerda européia que lenta e dolorosamente emerge". Vê ele duas ameaças à incipiente democratização da Europa Oriental. A primeira "é o despontar de um novo nacionalismo na Europa", sobretudo como resultado do que o senhor chamou de processo de "balcanização"; a segunda é a ascensão de forças populares da direita que tentam resistir à integração européia. Contra elas, Glotz sustenta a tese bem conhecida de que "em fins do século XX a nação-estado está econômica, ecológica, militar e culturalmente ultrapassada". Temos que descer até as "tribos", a autonomia regional, e subir para as "estruturas supranacionais". Para a Alemanha, isso significa que seu desenvolvimento não deve ser primariamente nacional: ele tem que ser absorvido em um processo mais amplo de integração européia. Glotz foi um dos muitos que tiveram que engolir suas próprias palavras porque foram atropelados pelos fatos, que se precipitaram durante os meses extraordinários de 1989 e 1990. (Quem sabe? Isso pode muito bem acontecer comigo no tocante a algumas das coisas de que falo nesta carta.) Em fins de 1989, escreveu ele que aceitaria com prazer uma decisão dos cidadãos da RDA de manter vivos para sempre dois Estados alemães, embora esperasse que tal RDA mantivesse uma estreita associação com a Comunidade Européia. De qualquer modo, "um programa social-democrático para a Europa" visa a "um Estado federal pan-europeu — com garantias máximas para grupos étnicos e direitos minoritários".

Infelizmente, mais uma vez, como tão freqüentemente acontece com escritores e políticos alemães, temos que concluir que sentimentos louváveis misturam-se com pensamento confuso e uma espantosa ignorância dos fatos da Europa. Deixando de lado a realidade da unidade alemã, não há, acima de tudo, sinais do processo europeu de cooperação que torne a nação-estado supérflua no que interessa a suas tarefas críticas. É revelador que em sua lista de funções ultrapassadas — econômicas, ecológicas, militares, culturais — Glotz não mencione o direito (a lei), ou a cidadania, com seus ingredientes civis, políticos e sociais. Há muitos anos, disse Raymond Aron que "não há esse animal chamado de 'cidadão europeu' ": "Os judeus de minha geração não podem esquecer como esses direitos humanos se tornaram frágeis quando não mais corresponderam aos direitos da cidadania".

Aron estava ciente, claro, das sucessivas tentativas de criar uma nova e supranacional cidadania na Europa. A primeira delas foi o Conselho da Europa, fundado em 1940, que atualmente possui 22 membros. Ele é, acima de tudo, o guardião da Convenção Européia de Direitos Humanos, que a maioria, mas não todos os membros, incorporou ao seu direito nacional. O Conselho da Europa tem uma folha corrida de insistência na democracia. A Grécia teve que renunciar à sua filiação depois que os coronéis assumiram o poder em 1969. Ajudaria no estabelecimento da regra do direito se as novas democracias da Europa Central Oriental se tornassem membros e várias delas já se candidataram. Não obstante, o Conselho da Europa é uma organização intergovernamental e não supranacional. Em contraste, a Comunidade Européia é uma estrita "comunidade de direito". Resultante da fusão de três comunidades em 1967 — a Comunidade Européia de Carvão e Aço, de 1953, a Comunidade Econômica Européia e a Comunidade Européia de Energia Atômica — ela pode tomar decisões de cumprimento obrigatório por seus membros e é protegida pelo Tribunal Europeu em áreas abrangidas por tratados. Elas, contudo, são na maioria de natureza econômica e não formam uma cidadania européia. As organizações muito mais frouxas da União Européia Ocidental (UEO), baseadas na cooperação no campo da defesa entre os membros europeus da OTAN e a Associação Européia de Livre Comércio (EFTA), que enfeixa a maioria das democracias neutras da Europa Ocidental que não são membros da CE (Áustria, Suíça, Finlândia, Suécia, Noruega, Islândia) são ainda menos apropriadas para constituir uma cidadania comum.

Dessa maneira, na Europa de hoje, a nação-estado ainda é, para todos os fins e propósitos, o repositório dos direitos básicos de cidadania e os alemães ocidentais devem orgulhar-se do fato de que podem estender os benefícios de seu *status* a 16 milhões de alemães orientais. A idéia de Glotz — e de muitos outros alemães — de Europa é na verdade vaga demais para ser convincente. E é aqui que entra em cena a segunda grande razão de preocupação com os fatos que ocorrem na Alemanha. Tudo bem falar sobre uma Europa que combina autonomia regional com instituições supranacionais — mas onde estão os sinais de que elas, para nada dizer de sua combinação, estão surgindo? Pior ainda, muitos alemães usam linguagem do tipo "a unificação alemã deve ser firmemente enraizada no processo de integração européia" — mas saberão por acaso o que estão dizendo? Estão agindo como se acreditassem nisso?

Configura-se aqui uma questão delicada e difícil. Como o senhor sabe, tive oportunidade de observar de perto a atitude alemã em relação à Comunidade Européia. Na qualidade de comissário da CE em Bruxelas, em princípios da década de 1970, escutei atentamente os argumentos e os sentidos sugeridos pelas discussões ministeriais sobre a união monetária ou sobre a relação entre a ampliação da Comunidade e o aprofundamento da cooperação dentro da mesma. Meu próprio realismo nesses assuntos quase resultou em minha dispensa, através de uma moção de censura, no Parlamento Europeu. Mas pelo menos fui honesto. Após a "Primeira Europa" de um mercado comum com regras de cumprimento obrigatório por todos, eu queria (e ainda quero) uma "Segunda Europa" de cooperação formadora de hábitos em tantas áreas da formulação da política quantas sejam apropriadas. Algumas delas poderiam ser *à la carte,* de modo que os membros da Comunidade pudessem escolher atividades de que quisessem participar; em outros assuntos, não-membros deviam ser convidados a participar. Dessa maneira, seriam criadas realidades européias que proporcionariam o material necessário para elaboração, algum dia, da Constituição de uma Europa unida. Talvez isso seja pragmático demais. Meu colega e muito respeitado mentor, Altiero Spinelli, certamente pensou assim. Pode mesmo ser carente minha visão ao enfatizar excessivamente o aspecto cooperativo da Europa contra a integração no sentido estrito. Se assim, a razão é que minha visão será para sempre o projeto kantiano de uma "sociedade civil mundial", com instituições realmente internacionais para orientá-la e sustentá-la. Mas nada disso pode reduzir meu comprometimento com a unificação mais estreita da Europa em áreas de política em que ela é claramente o espaço apropriado. Atualmente, essas áreas incluem não só um mercado comum, mas também a moeda e a defesa.

A posição alemã é menos clara. Se me pedissem prova conclusiva, eu provavelmente não poderia apresentá-la, mas minha impressão é que, em um sentido importante, a Europa permanece um conceito para boas condições de tempo para a maioria dos principais políticos alemães, e também para seus conselheiros. As profissões de fé alemãs sobre europeianismo não são insinceras, mas, quando surge alguma coisa considerada mais importante, elas são rapidamente esquecidas, e esses assuntos mais importantes surgiram não só em áreas marginais de política mas também fundamentais. A Alemanha gosta da Europa, mas a Europa não tem prioridade e, acima de tudo, a realidade, em sua vida política, sugerida pelos sermões dominicais de seus líderes. O Chanceler Kohl encontrou-se dezenas de vezes com o Presidente Mitterrand, mas, ainda assim, esses encontros deixaram-no inteiramente à vontade para anunciar seus "dez pontos" para a unidade alemã, em novembro de 1989, dois dias depois do último encontro, sem mesmo pensar em pegar o telefone e avisar o amigo. O governo alemão concorda com um processo de união econômica e monetária européia, mas se move sem pensar muito, em primeiro lugar, nas implicações futuras para a união monetária alemã, embora seja claro que a necessidade imediata produzirá um importante efeito sobre os planos para a Comunidade. A unidade alemã tem muitas outras ramificações européias, algumas técnicas, outras políticas, mas quando as decisões fundamentais foram tomadas, não houve sinal de percepção, como seria de esperar, em termos do declarado comprometimento europeu. Pouco espanta que os parceiros europeus da Alemanha sintam-se confusos e apreensivos! Até mesmo o amigo mais confiável da Alemanha na França, o cientista político e comentarista Alfred Grosser, especula se ou não a "Alemanha unificada se dissociaria da Comunidade Européia e a dominaria graças a seu poder econômico superior", embora, em seguida, deixe de lado essa suspeita.

Tudo isso se combina com preocupações mais profundas, embora raramente manifestadas, ainda que presentes na mente de muitos europeus, americanos e outros. De algumas maneiras, a Alemanha é vista como o Japão da Europa. Isso não é apenas uma referência aos superávits da balança comercial e da balança de pagamentos, mas a uma "cultura" predominante (como dizem alguns por falta de palavra melhor) que é difícil de penetrar. A bola corporativista que inclui governo, grandes bancos, principais companhias, sindicatos, meios de divulgação de massa de propriedade do governo e outras instituições aceitas tem algo a ver com isso. Por que, em uma década de fusões e absorções, as empresas alemãs permaneceram relativamente imunes? As pessoas sentem também uma resistência mais profunda a coisas estrangeiras, a despeito de numerosos sinais externos em sentido contrário. De qualquer modo, a Alemanha permanece misteriosa. Se o mistério se combina com os choques da unidade, a aparente arrogância das principais figuras políticas e as dúvidas abertamente veiculadas pelos intelectuais, a mistura resultante é, na melhor das hipóteses, desagradável e, na pior, altamente inflamável.

Mas tenho que parar de disseminar dúvidas porque minha intenção não é excluí-los da Alemanha ou da Europa. Especulação à parte, acredito que as fronteiras ocidentais da Polônia são das mais seguras da Europa. Se a Alemanha jamais tentasse tocar nelas, toda a Europa se levantaria em defesa de vocês. Além do mais, meu instinto mais profundo me diz que a Alemanha unida provavelmente não será muito diferente da República Federal antes da união. Isso significa, entre outras coisas, que o processo de cooperação européia e, talvez, a integração, avançarão ainda mais. Os esquemas programados serão perturbados de vez em quando e o destino poderá, em certo sentido, permanecer desconhecido, mas os passos seguintes são bastante claros e quero identificá-los na medida em que são relevantes para a Europa Central Oriental.

Quando a Europa acordou das trevas e da tragédia da década de 1970, definiu com sua meta o que veio a ser conhecido como 1992. O projeto é ambicioso e importante. Seu objetivo principal era criar, até 31 de dezembro de 1992, o mercado comum previsto há tanto tempo pelo Tratado de Roma. Não obstante, um mercado comum significa mais na década de 1990 do que significava na de 1950. Simultaneamente, a principal barreira a ser removida era a das tarifas. As "quatro liberdades" que ora constituem o objetivo quase nem mencionam esse obstáculo ultrapassado. A livre movimentação de mercadorias é impedida por numerosas barreiras não-tarifárias. A livre movimentação de serviços e capital exige grandes medidas de liberalização. A livre movimentação de pessoas pode afetar milhões e será tangível para todos os portadores de um passaporte da Comunidade Européia, de cor vermelha.

A Comissão Européia, com sede em Bruxelas, determinou que 279 instrumentos legais terão que ser promulgados para se poder cumprir a meta fixada para 1992. E isso é política normal, se essa tal coisa jamais existiu! Não há dúvida de que fracassarão algumas das diretrizes e regulamentos mais importantes. É provável que eles envolvam as vacas sagradas da política interna, tais como a isenção de valor adicionado a roupas de crianças na Grã-Bretanha, livros na França ou fornecedores monopolistas de serviços públicos na Alemanha. O movimento em direção à abertura de fronteiras entre os 12 estados-membros da Comunidade Européia parece irreversível. E o que é mais, se somarmos todos os novos instrumentos legais, o efeito será maior do que a soma dos 279. A política normal aproxima-se da dimensão constitucional se um grande conjunto de sinais relacionados apontam todos na mesma direção. A Comissão quer utilizar o impulso para dar mais um ou dois passos à frente. A cooperação política já se tornou um hábito firme entre os Doze; ministros e funcionários conhecem-se o suficiente para pegar o telefone quando alguma coisa importante surge e ligar para seus colegas em Haia, Roma ou Bonn. Neste momento a união monetária é um item firme na agenda.

A união monetária, diga-se, é um grande e difícil projeto, mais difícil talvez do que aqueles que tentam enfiá-lo na camisa-de-força de um *plan par étapes,* um plano em dois ou três estágios. Os problemas são em parte técnicos, embora possam ser provavelmente solucionados. Mas são também em parte políticos. Os países devem estar dispostos a ingressar numa união monetária, o que significa, entre outras coisas, por exemplo, que precisam ter em funcionamento instituições e políticas que sustentem uma moeda comum estável. O compromisso, em princípio, de reduzir e manter a inflação em zero é uma das políticas relevantes e tem que representar o consenso dos partidos em todos os países. A disposição de deixar a responsabilidade pela estabilidade monetária a um banco central independente constitui um pré-requisito institucional. Para muitos países, isso implicará um rompimento com velhíssimas tradições. A França não estava pronta para dar esses passos quando a união monetária foi lançada, pela primeira vez, em 1971, mas hoje está. O problema é a relutância britânica em abandonar o velho preceito keynesiano de que uma inflação de 2,5 a 3 % não é tão ruim assim, porque "ninguém a notaria", e a renunciar ao primado do Tesouro sobre o Banco. Mas mesmo que todos esses obstáculos sejam removidos, há ainda os caprichos do mercado mundial e, principalmente, dos mercados cambiais, para levar em conta. Eles podem perturbar os planos mais bem elaborados, como fizeram antes.

Por tudo isso, é árdua a estrada para a união monetária e eu sequer mencionei a questão mais complexa, que é, como sempre, a Alemanha. Em primeiro lugar, a UMA, a união monetária alemã, forçosamente atrasará a UME, a união monetária européia. Os técnicos relevantes simplesmente não terão tempo de levar as duas a cabo simultaneamente. Mais importante, contudo, qualquer sistema monetário europeu refletirá forçosamente a poderosa posição se não da Alemanha, pelo menos do Deutsche mark. Ele talvez não desempenhe na UME o mesmo papel que o dólar teve no sistema de Bretton Woods, mas suas oscilações afetarão mais as outras moedas que oscilações do franco francês ou mesmo da libra esterlina (supondo que a Grã-Bretanha participe do processo). Não é necessária a unidade alemã para que a Alemanha seja a potência mais forte da Comunidade Européia. Na verdade, o processo de unificação pode ser tão dispendioso para a Alemanha que, por algum tempo, suas reivindicações à hegemonia seriam mais debilitadas do que fortalecidas. Esse talvez seja um bom momento para testar a disposição do país de aceitar regras que serão de cumprimento tão obrigatório para ele quanto para os demais países. Não há dúvida de que o impulso para a unificação européia terá muito a ver com o problema alemão.

Acredito que a união monetária européia deverá acontecer, e que acontecerá, embora não venha a ocorrer tão rápida ou sistematicamente como sugere o Plano Delors, que prevê entre outras coisas um Banco Central Europeu nos próximos três anos. Em certo sentido, a união monetária é parte do processo que culminará em 1992. Mas todo o processo não é mais a única ou mesmo a principal questão controversa. Conta-se que um ministro irlandês abriu com as seguintes palavras uma conferência sobre esses assuntos: "A única questão é, quando?" Essa história é contada como piada, mas há nela um ponto sério. Enquanto escrevo esta carta em 1990, pergunto-me se, talvez, a Comunidade Européia não deveria dizer agora: "Mil novecentos e noventa e dois chegou!" O objetivo do grande plano de revitalização da Europa foi alcançado. Temos agora que estender a vista para novos horizontes.

Enquanto fazemos isso, o primeiro problema é: quem está dentro e quem está fora?

Há muitos fora da Europa que temem, e alguns dentro dela que alimentam esperanças, que a Comunidade Européia de 1992 se transforme em uma bem provisionada fortaleza, protegida por maciças muralhas e um fosso contra aqueles que não fazem parte dela. Essa situação não tem que acontecer. Na verdade, as negociações com os seis países remanescentes da Associação de Livre Comércio da Europa (EFTA) são encorajadoras. É bem verdade que os países da EFTA não podem comer seu bolo e guardá-lo também, não podem esperar desfrutar os benefícios da Comunidade sem compartilhar dos fardos, mas, acima de tudo, não podem permanecer de fora e ainda serem parte de um processo de tomada de decisões. A idéia de um Espaço Econômico Europeu que estenda as vantagens econômicas do Mercado Comum à EFTA, mas impeça a participação política e institucional, constitui o começo de uma solução. Quem sabe? Algum dia poderá haver mesmo uma Agência do Espaço Econômico Europeu. Eu, pelo menos, espero que a CE erre no lado da generosidade e não da tacanhice, enquanto organiza suas relações com os países democráticos desenvolvidos da Europa que, por uma razão ou outra, não querem ser membros da Comunidade.

Mas onde tudo isso deixa a Europa Central Oriental? O debate dentro da Comunidade está esquentando. Há os que argumentam que, como disse um técnico, "um fortalecimento ulterior da CE tornará mais difícil para a Europa Oriental associar-se mais estreitamente; ou acreditam que, de qualquer modo, uma estrutura mais frouxa em uma CE ampliada, mas menos concentrada, seria mais confortável e, realmente, mais realista em uma era em que as identidades nacionais continuam muito poderosas." A primeira-ministra Thatcher inclina-se para essa opinião e líderes alemães podem ser tentados a adotá-la. O presidente da CE, Delors, assumiu uma posição oposta em seu discurso anual, dirigido ao Parlamento Europeu: "Os Doze não têm opção senão continuarem a ser um ponto focal, uma rocha de estabilidade para o resto do continente." Uma Europa na estrada da integração é uma "estrela polar" para os países da Europa Central Oriental e eles ficarão tão desapontados como todo mundo se a CE abandonar suas ambições de tornar-se ainda mais estreitamente ligada, com união monetária e tudo mais. "Por dever, somos obrigados a ajudá-los", esta frase cria condições no país que a pronuncia que, um dia, tornarão possível mas também interessante para os outros se tornarem membros plenos, e por conseguinte não devemos ser desviados por objetivos aparentes de importância a curto prazo. Nosso objetivo não é "o sonho do sr. Gorbachev de uma 'casa comum européia'", mas uma "visão ligeiramente diferente de uma 'aldeia européia' construída em torno de uma sólida casa chamada de 'Comunidade Européia' ". Concordo com Jacques Delors.

Note-se que Delors não utilizou a linguagem do federalismo europeu! Ele dissociou-se mesmo humildemente da "grande confederação da Europa", do Presidente Mitterrand, a qual, disse, "não se concretizará até que a Comunidade consiga a união política. Caberá a cada país decidir quando chegar o momento." Não há dúvida de que cada país decidirá no seu próprio tempo. Notei que o senhor recebeu com uma mistura de simpatia e ceticismo a idéia do Presidente Havel de uma cooperação mais estreita entre a Tcheco-Eslováquia, a Polônia e a Hungria. O governo do Imperador Francisco José pode ter sido (pelo menos em retrospecto) o regime mais benevolente que todos os senhores tiveram neste conturbado século, mas o sonho de um novo Império Habsburgo pouco mais é agora do que um bom assunto de conversa. Em termos de história e cultura, os países da Europa Central Oriental são tão diferentes entre si como os da Europa

Central Ocidental e, em termos de política, estão muito longe do patamar de um mundo de soberania comum. Nós no Ocidente atingimos esse patamar há muito tempo, provavelmente na década de 1950. A guerra deixara cansadas as velhas nações-estados. A França e a Alemanha começavam a explorar um novo e especial relacionamento. Embora o retorno do Sarre à Alemanha tenha se baseado em um referendo realizado em 1955, no qual foi decisivamente rejeitada a europeização, o processo não despertou grandes sentimentos nacionalistas. Na verdade, a facilidade com que foi realizado confirmou que as nações-estados haviam começado a se importar menos. O Plano Marshall ajudou a enfeixar em um todo os países da Europa e, de fato, durante muito tempo, os Estados Unidos comportaram-se mais como federalizador do que como potência hegemônica.

O desenvolvimento econômico contribuiu para o processo. Mais uma vez, o Sarre, a Lorena, a bacia de Liège e o Ruhr contam uma história. Durante mais de um século, vigorou a teoria de que se um país possui ferro, tem que ter também carvão, e vice-versa. Nesse momento era criada a Comunidade Européia de Aço e Carvão. No caso de numerosas companhias, deixaram de ter importância as fronteiras nacionais. As empresas transnacionais — nem sempre européias — pavimentaram o caminho. Se gostássemos dessa linguagem, poderíamos descrevêlas como a grande força produtiva que tornou irremediavelmente ultrapassadas as velhas relações de produção nacionais. Reunir soberania era a única esperança que países tinham de manter algum grau de controle sobre seus assuntos.

Não desconheço que alguns dos mais ponderados porta-vozes da Europa Central Oriental prevêem soluções semelhantes para essa parte do mundo. A noção do "Benelux" tornou-se uma "Suécia" quase política, isto é, um ideal que talvez não tenha muito a ver com a realidade, como pensam seus proponentes. Tal como o senhor, sou cético a esse respeito. Analisando os países pós-comunistas, noto que as nações-estado estão na moda. Isso é bom para a independência e para o império da lei, bem como para procurarem um caminho próprio para avançar na direção da sociedade aberta. Mas tem suas deficiências e o senhor mencionou uma delas — a balcanização. Quem sabe quantos países da Europa, no ano 2000, estarão a leste e a sudeste das fronteiras da Comunidade Européia? E como serão as relações entre eles e entre seus vizinhos? Haverá incidentes de fronteira entre os Estados bálticos e a Grande Rússia? Acusações de interferência polonesa na Lituânia e nos velhos territórios poloneses a leste de Brest-Litovsk? Indecisão contínua sobre que lado deve ser passada a manteiga no pão dos moldavianos? Violentos distúrbios de rua pedindo autogoverno na Transilvânia? Brigas entre as repúblicas da Iugoslávia? São numerosos os cenários de problemas.

Por trás desse potencial de fragmentação e atrito, desponta uma questão muito séria. Enquanto nós na Europa Ocidental estamos preocupados em reunir nossa soberania, vocês da Europa Oriental preferem pensar em autodeterminação. Isso é fácil de compreender. Onde estariam os senhores se não fosse pela invocação do princípio da autodeterminação, que está cultuado em todos os tipos de tratados e acordos, e não menos no Acordo de Helsinque? (Ela acabou por se tornar um dos dois fatores dinâmicos — o outro é o dos direitos humanos — nesse acordo, para o qual, fora isso, nem o senhor nem eu teríamos muito tempo.) Ainda assim, a autodeterminação tem seus próprios problemas. Constituiu, claro, um dos Quatorze Pontos do Presidente Wilson em janeiro de 1918, embora ele tenha tido o cuidado de ressalvar que "na determinação de tais questões de soberania, os interesses da população interessada deverão ter o mesmo peso que as justas reivindicações do governo cujo título está para ser determinado". Ao passar a assuntos práticos, porém, ele lançou às urtigas a cautela (e idéias anteriores sobre uma Comunidade Centro-Européia). "Os povos da Áustria-Hungria, cujo lugar entre as nações desejamos ver protegido e garantido, devem ter a oportunidade mais livre possível de desenvolvimento autônomo." A noção de balcanização retroage ao século XIX, embora tenha adquirido nova virulência após 1919 e, mais uma vez, reveste-se hoje de alta relevância.

A idéia de autodeterminação nacional tem suas atrações para pessoas que se sentem perdidas no mundo moderno. Ela parecia oferecer senso de integração e significado, corporificado em símbolos poderosos como bandeiras e hinos, e não menos em passaportes e Constituições. Pessoas — pelo menos algumas — estão dispostas a morrer pela independência de suas nações. Seria errado ignorar uma força tão poderosa como essa. Ainda assim, a autodeterminação nacional continua a ser uma das invenções mais infelizes do direito internacional. Ela atribui direitos a povos quando deviam ser sempre direitos das pessoas. Como resultado, convida usurpadores a reivindicar esse direito para povos em cujo nome falam, enquanto, ao mesmo tempo, esmagam minorias e, às vezes, os direitos civis de todos. Quem fala a respeito daqueles na Lituânia que não querem secessão? Será que seus direitos não importam? Os suíços podem ter tido suas próprias razões quando rejeitaram em 1920 a decisão tomada pela maioria esmagadora do povo da província austríaca de Vorarlberg de ingressar na Confederação Suíça, mas o argumento de que não queriam a minoria dissidente faz sentido. Se permitimos que o chamado direito de autodeterminação prevaleça sobre os direitos básicos de cidadãos individuais, o resultado será provavelmente uma nação-estado sem liberdade e não há falta de exemplos nesse particular.

O princípio de autodeterminação estimula também a homogeneidade. Povos que escolhem seu próprio destino não tolerarão em seu seio um Nagorno-Karabakh. Mais uma vez, o resultado é a asserção violenta de direitos superiores, apoiados pelas maiorias, contra minorias indefesas. Pode ser que haja alguma justificação para permitir que unidades históricas de povos, mesmo que não vivam numa ilha, organizem seus próprios negócios, se assim o desejarem. Mas nunca se deve permitir que "elas" violem os mais elementares direitos à integridade física da pessoa e a liberdade de expressão e movimento que é compartilhada por todos. A autodeterminação é, na melhor das hipóteses, um direito de segunda classe, muito atrás dos direitos civis, políticos e sociais da cidadania e, com toda probabilidade, não é absolutamente um direito, mas uma reivindicação feita por líderes populistas que talvez levem seus povos para a sociedade aberta, mas que, com igual probabilidade, substituirão a servidão a estrangeiros pela tirania nativa.

"Não, na Polônia", poderiam dizer os defensores da independência polonesa, e tomara que tenham razão. Não, na Tcheco-Eslováquia, ou na Hungria, tampouco, embora seja evidente que vamos ouvir vozes eslovacas e de outras minorias dizendo o contrário. De qualquer modo, estou perfeitamente consciente de que esta explosão contra a autodeterminação choca-se com todas as tendências predominantes no mundo pós-comunista. Em seu discurso dirigido ao Parlamento Europeu, partes do qual já citei generosamente, o presidente Delors observou que "a Espanha e Portugal passaram sete anos preparando-se para a filiação à Comunidade". São esmagadoras as razões econômicas que militam contra a filiação imediata de qualquer país da Europa Central Oriental. Já é muito difícil entrar no vale de lágrimas de criação interna, sem ter que acrescentar ainda mais o custo de associar-se a um Mercado Comum mais amplo de economias livres. Mas o fator que encerra o assunto é a diferença fundamental de orientação entre países que valorizam altamente sua recém-conquistada liberdade nacional e outros que se tornaram cansadamente conscientes das limitações das idéias tradicionais de soberania. Já se disse que, enquanto a Europa Ocidental deixa o século XX para ingressar no século XXI, a Europa Oriental está deixando o século XX para voltar ao século XIX. Isso pode ser um exagero, mas, evidentemente, não estamos ainda sincronizados em toda a Europa e levará algum tempo até que isso aconteça. E o que é mais, não podemos realmente ajudá-los, enquanto os senhores chegam a um acordo com a soberania e a autodeterminação na Europa moderna, exceto dando um exemplo de como o exercício conjunto da soberania em algumas áreas de política normal e mesmo constitucional aumenta a liberdade e a prosperidade, em vez de reduzi-las.

Entrementes, a idéia da nova arquitetura da Europa não é a de que as novas democracias devam permanecer de fora, com os narizes colados nas vitrinas do progresso. No que interessa à filiação, já mencionei o Conselho da Europa.

Seus estatutos referem-se à vontade do povo dentro de seus estados-membros autônomos, mas a Convenção Européia para a Proteção dos Direitos a Liberdades Humanas dá firme prioridade aos direitos de indivíduos, sob as regras do direito. O senhor talvez deseje examinar, juntamente conosco, o futuro da OCDE, que afinal de contas nasceu do Plano Marshall e tem mais experiência dos problemas do desenvolvimento econômico na Europa que qualquer outro órgão. Além disso, a Comunidade Européia tentará, sem dúvida alguma, se seguir a liderança do presidente Delors, atingir o quase impossível e promoverá novas formas de associação com todos os não-membros na Europa, concomitantemente com a conclusão do projeto de 1992, a união monetária e um tratado com os países restantes da EFTA. Se a Comunidade for sábia, todas as novas formas de associação incluirão, além disso, uma promessa realista de filiação, em alguma data futura.

Até agora, essa arquitetura da Europa deve parecer muito vaga. E também pouco faz, pouco demais, talvez, para proteger-se contra as ameaças que seus compatriotas, acima de todos os outros, percebem se, ao leste, o império soviético desmoronar e ao oeste o poderio já formidável da Alemanha aumentar ainda mais. A imagem da aldeia européia é muito bonita até aonde vai, mas há muitos tipos de aldeias — algumas espalhadas, outras concentradas, umas tantas esticadas ao longo de estradas aparentemente intermináveis, várias delas centradas em torno da igreja ou (como prefere esse homem mais secular, Jacques Delors) em volta da "sólida casa chamada de 'Comunidade Européia'" — e todas elas são difíceis de policiar e proteger. Rixas de aldeia incluem-se entre os mais cruéis desentendimentos entre homens, e mulheres, e grandes guerras reduziram aldeias a escombros sem deixar mesmo uma ruína para lembrar onde se situavam.

O policiamento interno, como toda lei e ordem, depende em última análise de controles sociais, isto é, de os vizinhos se interessarem, mas sem meterem o nariz o tempo todo. Isso é difícil de conseguir — e tem a ver com a sociedade civil e a construção de instituições — mas os que estão comprometidos com a construção da Europa estão cientes da tarefa. A proteção contra ameaças externas cria questões mais difíceis. Coloca em cena a União Soviética e os Estados Unidos da América, países sobre os quais pouco dissemos até agora. A União Soviética não dá a impressão de que possa ser, ainda por algum tempo, uma potência que promova e garanta uma ordem na Europa. Sua preocupação dominante forçosamente tem a ver com seus assuntos internos, em manter o que quer que venha a sobrar da União, e com a descoberta de uma maneira de sair da confusão que uma *perestroika* tímida acrescentou ao sistema meio desmantelado de comando do centralismo administrativo. Não podemos excluir circunstâncias em que esses problemas domésticos podem tentar líderes menos responsáveis do que o Presidente Gorbachev a procurar alívio interno temporário mediante agressão externa, mas podemos excluir a União Soviética como potência que, sem o uso de força, imprima uma noção de ordem na Europa.

Numerosas pessoas têm observado que, enquanto tudo isso está acontecendo, os Estados Unidos iniciaram uma de suas retiradas periódicas para sua própria concha. Há nisso, sem dúvida, um exagero. A propósito, disse convincentemente Felix Rohatyn: "Não acredito que essa análise seja correta, embora, cada vez mais, na Europa e no Japão, os Estados Unidos sejam vistos como um país marginal." Às vezes, sentimos a tentação de comparar os Estados Unidos com o amigo que fica atrás do grosso vidro no aeroporto, observando os fatos que ocorrem na sala de entrada. Vê seus colegas chegarem e correrem de um lado para o outro; pode acenar para eles, mas não falar para ser ouvido (exceto através do "leia meus lábios"); acontecem coisas sobre as quais o amigo à espera não tem controle; ele está lá mas também não está, sempre visível mas nunca envolvido. Mais uma vez, tudo isso é menos que a verdade toda. Joseph Nye enfrentou a crescente turma de arautos do juízo final, que se espojam felizes no senso de decadência da América, e observou que os Estados Unidos talvez não estejam mais sozinhos numa liga só sua, mas que continuam ainda claramente a fazer parte destacada da liga mundial em poder militar, econômico e político, bem como em termos de pura atratividade para milhões de pessoas. A América, por conseguinte, está "obrigada a liderar".

Ainda assim, ela não está liderando e a revolução continua na Europa. Talvez não haja razão para ficarmos perturbados demais com a ausência dos Estados Unidos. Pelo menos, ninguém jamais dirá que a revolução na Europa foi uma trama da CIA. Tampouco há prova alguma de que os países da Europa Central Oriental deixaram os braços da União Soviética para caírem na cama com os Estados Unidos. Falando mais sério, é difícil entender qual será o papel da OTAN e como o relacionamento através do Atlântico se encaixa na construção européia. Michael Howard tentou fazer isso e concordo com seus objetivos. A probabilidade de "um *status* militar especial para as nações da Europa Central", combinada com o fato de que "há um problema alemão" — "Talvez seja um problema apenas de interpretação, mas ele existe, apesar de tudo" — significa que uma aliança sem os Estados Unidos seria inaceitável. De qualquer modo, conclui Howard, "Se o preço da reconstrução da Europa for a desintegração da comunidade atlântica, teremos feito uma péssima barganha". Mas o que se seguirá, na prática, desses louváveis objetivos?

Não tenho certeza e, tanto quanto consigo entender, ninguém apresentou até agora uma proposta convincente. Eu gostaria de pensar que a Grã-Bretanha tem um papel especial a desempenhar no desenho da arquitetura de segurança de uma futura Europa. Afinal de contas, a Grã-Bretanha estava bem preparada à espera da última crise desse tipo, ainda que não das mesmas proporções, ocorrida em 1954, quando o parlamento francês recusou-se a ratificar o tratado de criação de uma Comunidade Européia de Defesa. Reconhecidamente, a questão nessa época era mais simples do que é hoje. A filiação alemã à OTAN e o compromisso britânico de estacionar um exército no Reno criaram as garantias adicionais necessárias, na época, para a segurança da Europa contra um ataque soviético. Hoje é difícil até mesmo identificar o problema. Quem tem que ser defendido contra quem? As respostas são confusas e incertas. A ameaça residual da Rússia soviética não deve ser subestimada: alguns argumentariam que ela é mais do que residual e que grandes potências se revelaram anteriormente imprevisíveis quando se viram sob pressão. Novas ameaças poderiam surgir, vindas de dentro da Europa. De décadas para cá, aceita-se a afirmação de que a era de guerras entre países europeus acabou. Provavelmente, isso ainda é verdade. Mas quando observamos o aparecimento não só de novas nações, mas também de velhas emoções nacionais, temos que poder conjecturar um pouco. Por certo, a segurança dentro da Europa mais ampla, de Brest, ou melhor, de Galway, na região ocidental da Irlanda, até Brest (se não até Vilna e Riga) precisa de garantias que não existem hoje. E há também muitas fontes de instabilidade por todo o mundo. Nem todas envolvem a Europa, mas algumas, sim, parcialmente por causa de sua proximidade e, até certo ponto, porque elas invocam relações históricas. Um mundo menos estruturado é também um mundo mais precário e é bom preparar-se para problemas.

Como? Por ora, a confusão reina absoluta, chegando mesmo a sugerir que uma Alemanha unida deve pertencer simultaneamente à OTAN e ao Pacto de Varsóvia. Isso claramente não acontecerá. Como aliança militar eficaz, o Pacto de Varsóvia praticamente desapareceu, mas a OTAN também está passando por uma dolorosa reavaliação. Se me fosse permitido especular, eu esperaria três eventos nos próximos anos. O primeiro seria um acordo entre as superpotências nucleares que atendesse às preocupações de segurança da União Soviética e, ao mesmo tempo, reduzisse o nível dos armamentos nucleares e convencionais. O segundo seria destinado a enfeixar os países da Europa em uma espécie de OTEC, uma Organização do Tratado da Europa Central. Uma vez que ela se estenderia da Irlanda à Polônia e talvez mais além, seu conteúdo militar seria menos importante do que sua intenção política. O terceiro teria que ser atlântico. Uma relação redefinida entre os Estados Unidos e a Europa teria que ser baseada na OTAN e sustentada por garantias militares, embora sua natureza e extensão precisem de muito estudo. A história e a geografia dão à Grã-Bretanha uma posição fundamental nessas deliberações, embora a Alemanha seja forçosamente sua principal preocupação.

Essas idéias são vagas e deixam em aberto mais perguntas do que respondem. Cumpre esperar que tenhamos tempo suficiente para formulá-las sem surpresas desagradáveis. Talvez ajude o fato de que já ingressamos em um novo estágio na construção da Europa, o da negociação. Números têm sido brandidos de um lado para o outro: 2 (Alemanhas) mais 4 ("potências" vitoriosas), mais 8 (os vizinhos da Alemanha, não incluída a França), mais 12 (os países membros da Comunidade Européia), em seguida 16 (os membros da OTAN) e 35 (os países participantes da OTEC). Se tudo isso, ou mesmo parte disso, acontecer, saberemos que a história, mais uma vez, reduziu seu ritmo. Acho que todos nós estamos um pouco sem fôlego após a febril corrida de 1989 e do percurso mais acidentado de 1990, de modo que podemos prosseguir em um ritmo mais moderado. Mudar de marcha, como eu disse antes, pode encerrar seus próprios riscos. Tomara que mantenhamos a coragem quando isso acontecer. Não obstante, um pensamento insistente que acompanha esse processo tem que ser posto às claras. A revolução na Europa tem estado nas manchetes há muito tempo. Ela provocou, na verdade, uma tensão, bem-vinda na capacidade de atenção das pessoas, que fora tristemente muito reduzida pela aparente necessidade de recorrer aos tablóides e à televisão em busca do imediato e do sensacional. Mas a Europa Central Oriental não ficará provavelmente nas manchetes para sempre. Quando a lenta máquina editorial tiver produzido a biblioteca inteira de livros que ora estão sendo escritos sobre o assunto, o produto talvez esteja não só ultrapassado, mas também ausente da mente da maioria das pessoas porque outros assuntos ganharam proeminência.

Eles poderiam ser até mesmo assuntos internacionais. O Oriente Médio decaiu na atenção do público enquanto todo mundo olhava para o que acontecia em Varsóvia, Praga e Berlim, mas nem por isso ficou menos explosivo. A China após a Praça Tiananmen não será mais estável até que atenda às pressões por mudança, em vez de reprimi-las brutalmente. Todos temos que nos preparar para um tempo em que a liberação de US$ 500 milhões em ajuda consome tanto tempo de governos e parlamentos como hoje, que pode se transformar em anos ou mesmo em uma eternidade, em vez de alguns dias, aproveitando uma visita de seu primeiro-ministro ou do presidente da Tcheco-Eslováquia. Essa é a razão, se não houvesse outras, por que os senhores terão, em última análise, de confiar em seus próprios recursos. Por isso não me refiro necessariamente, e por certo não exclusivamente, a recursos materiais. Assistência generosa do resto da Europa e também dos Estados Unidos e Japão deve amortecer a dolorosa jornada pelo vale de lágrimas. Mas de fato me refiro a recursos de bom senso e coragem, recursos humanos de parte dos advogados, dos políticos e, acima de tudo, dos cidadãos.

Por alguma razão, não aguardo com ansiedade a perspectiva iminente de normalidade. O motivo disso não é apenas minha queda pela política constitucional, mas também o aspecto revigorante de uma revolução que desvenda perspectivas de liberdade. Exemplos de vitória de homens de grande integridade moral, que demonstraram a coragem de suas convicções, levam-nos todos a pensar que, de tempos em tempos, o bem pode prevalecer sobre o mal neste mundo. A normalidade não é tão inspiradora neste particular como em outros. Mas, em seguida, o pensamento ponderado vence minhas paixões. Talvez uma paixão mais profunda o afaste do imediato. Muitas pessoas, em todas as partes do mundo, observaram com certo ressentimento o espetáculo da revolução na Europa. Elas se sentem excluídas. Ao contrário dos americanos, não são espectadores simpáticos que vêem seus amigos chegarem, na verdade chegarem ao lar, mas vítimas esquecidas de suas próprias experiências trágicas de terror, fome, e doença. Quem hoje se lembra da Etiópia? E da Birmânia?

Os povos da Europa Central Oriental levaram uma vida pavorosa, mas também protegida, por trás da Cortina de Ferro. Para eles, a cena mundial era um campo de batalha distante de grandes potências e organizações internacionais, uma continuação da Guerra Fria por meios políticos. As reunificações resultantes da revolução de 1989 mudaram isso, também. Todas as nações européias são hoje parte de um mundo em que a responsabilidade não termina à frente de nossa própria porta. Não estou sugerindo que o currículo da Comunidade Européia (por exemplo) seja imaculado nesse particular. A despeito da Rodada Kennedy e dos acordos de Yaundê e Lomé com os países em desenvolvimento, nós sem dúvida nenhuma violamos ocasionalmente as regras internacionais e não conseguimos fazer o suficiente pelos carentes. Mas isso não é desculpa para a velha Europa, ou para a nova que está surgindo, ignorar o resto do mundo.

Fui muito áspero com o Presidente Gorbachev e com sua idéia de uma casa européia comum. Não obstante, observadores cuidadosos notaram que ele, há muito tempo, começou a dar menos ênfase a essa idéia, em favor de questões globais que unem, e não dividem, a humanidade em blocos. A paz duradoura é uma dessas questões e temos que alimentar a esperança de que a velocidade do progresso no tocante ao desarmamento e a acordos de controle de armas, que estão hoje na agenda, não seja retardada pelo advento da normalidade. O desenvolvimento constitui outra questão mundial e sua própria experiência devia lembrar a todos que isso não pode significar apenas melhoramento econômico, mas tem que ser vinculado a direitos humanos reconhecidos e a oportunidades de participação para os cidadãos. O habitat humano neste planeta subiu para primeiro plano na agenda dos governos, organizações internacionais e numerosos indivíduos. A situação do meio ambiente na Europa Oriental conta uma história triste sobre as conseqüências com que foi tratado o problema. É também uma questão que exige um equilíbrio delicado entre a ação internacional e o compromisso de preservar liberdades elementares. A ditadura benevolente de reis-ecologistas não seria melhor do que qualquer outra, e temos que nos acautelar.

O objetivo desses lembretes é simples. Viver em uma casa sólida é uma perspectiva agradável. Uma aldeia bem policiada, segura do bom estado de suas defesas, dá a seus habitantes senso de segurança e oportunidade de tratar de sua vida. Mas a aldeia é parte de uma paisagem muito mais ampla de povoações humanas. O que acontece numa delas afeta todas as demais. Em particular, os que moram na casa sólida produzem um efeito sobre todos os demais, o que quer que façam ou deixem de fazer. Isso é ainda mais verdade no caso daqueles que moram nos arranha-céus do outro lado do oceano. No fim, não teremos segurança ou liberdade, a menos que as pessoas, em todas as aldeias e cidades do mundo, sejam cidadãos.

Prezado Sr. J., chegou a hora de encerrar esta longa epístola. À parte todas as demais razões, devemos sempre terminar uma carta quando nos sentimos inclinados a nos tornar líricos. Aproveitei a oportunidade criada por suas perguntas para dizer mais a respeito de algumas delas do que poderia ter esperado. Mas asseguro-lhe que isso não aconteceu por falta de esforço para ser conciso e claro. O fato simples é que suas perguntas, e todo o processo da revolução na Europa, mexem profundamente com a mente e o coração de um liberal.

Tampouco é puramente teórica a intenção desta carta. Meu principal argumento é simples. A opção que enfrentamos na organização de nossa vida é a que existe entre sistemas, quaisquer que sejam, e a sociedade aberta. Não há terceiro caminho e me sinto profundamente feliz porque os senhores escolheram a estrada para a liberdade. Nessa estrada, há espaço para muitas velocidades e métodos de viagem e também para desvios e rodeios, embora raramente para atalhos. No contexto da Constituição de liberdade, cem caminhos levam à frente e é provável que todos eles misturem elementos de reforma econômica, política e social de maneiras que ofendem o purista. A chave para o progresso, por conseguinte, não é uma concepção alternativa complexa, um detalhado plano-diretor de liberdade. Esses planos são contraditórios em si e é mais provável que levem de volta à sociedade fechada. A chave para o progresso é a mudança estratégica. Consiste em identificar um pequeno número de decisões, aparentemente menores, que provavelmente produzirão efeitos e ramificações a longo prazo. Mudanças estratégicas são medidas que possuem alto poder de influência e que freqüentemente tocam a margem do que é aceitável e praticável em dadas condições, mas não são sobre sistemas e suas mudanças.

Karl Popper, a cujo pensamento devo mais do que a qualquer outro autor, cantou loas à "engenharia fragmentada *versus* a utopista". Sei o que ele quer dizer com isso, embora, nesse caso, não goste de sua linguagem. Mesmo ignorando a infeliz conotação de engenharia social, "fragmentado" não é inteiramente suficiente quando enfrentamos um desafio constitucional. Popper deixa aberta a porta para "a possibilidade de uma série de reformas fragmentadas ser inspirada por uma única tendência geral". Certamente ajuda ter uma imagem do futuro. Mas a questão crítica é como sair daqui para chegar lá e a resposta tem que ser: dando os primeiros passos, todos importantes, na direção certa. As reformas de Ludwig Erhard dificilmente podem ser classificadas como fragmentadas, tampouco as de Leszek Balcerowicz ou, mesmo, as decisões de Václav Havel de confiscar propriedades do partido e suspender os professores de marxismo-leninismo.

Dada a natureza do caso, não há regra geral para identificar as decisões estratégicas apropriadas. A situação difere de lugar a lugar e de tempos em tempos, e fico impaciente com aqueles que oferecem medicamentos com marca comercial, sejam estes a conversibilidade imediata da moeda ou o voto único transferível em eleições. Meu palpite é que, na Polônia, as mudanças estratégicas iniciais foram realmente feitas e a tarefa consiste em perseverar nelas e levá-las até o fim, ao mesmo tempo, talvez, adicionando uma pitada de política social às reformas econômicas. Na Alemanha Oriental, as necessidades estratégicas foram facilmente identificadas: a união monetária e política com a República Federal como metas óbvias. Pode muito bem ter acontecido que, na Tcheco-Eslováquia, as mudanças políticas e constitucionais iniciadas pelo primeiro governo livre tenham estabelecido o curso correto, embora muita coisa reste a ser feita no lado econômico. Outros países, incluindo a Hungria, descobrem que estão em uma situação muito mais difícil, se não por outro motivo porque o colapso do centro foi mais longe. Numa situação como essa, alcançar bons objetivos muito dependerá do uso dos poderes restantes do governo. É possível que isso leve a dar-se prioridade a decisões no campo monetário, juntamente, claro, com tentativas de reconstruir pelo menos uma maquinaria rudimentar de governo.

Poderemos ajudar? Na verdade, deveremos ajudar? Muito dependerá do que querem os habitantes da Europa Central Oriental e seus governos. Em alguns casos, há uma clara necessidade de auxílio de emergência. O Grupo dos 24, sob a liderança da Comunidade Européia, tomou a peito essa necessidade desde que a Conferência Mundial de Cúpula realizada em Estrasburgo lhe atribuiu a tarefa. Tenho esperança de que o Banco Europeu de Reconstrução e Desenvolvimento não se atole num pântano de rivalidades e dificuldades burocráticas. Em anos recentes, um número excessivo de Planos Marshall tem sido reclamado por comissões e indivíduos impacientes demais. Eles esquecem muitas coisas, incluindo a pura magnitude da operação pós-guerra em si, quando os Estados Unidos puseram à disposição nada menos de 2% de seu PIB durante cinco anos, a fim de ajudar a Europa a recuperar-se. Além do mais, o Plano Marshall teve seus fracassos relativos, além de sucessos espetaculares. Ainda assim, se o resto da Europa estivesse disposto a contribuir com 2% de seu PIB durante cinco anos seguidos para ajudar a transição dos países pós-comunistas, eu, pelo menos, apoiaria os partidos e governos que promovessem o projeto.

Há ainda a grande tarefa de construir a

sociedade civil. Trata-se da mais importante de todas e, claro, é a que requer os maiores esforços nos países interessados. Em algumas áreas, poderemos transmitir algum *know-how*. Pensando na Alemanha do pós-guerra, lembro-me com gratidão das revistas e livros, dos planos de intercâmbio para viagens, até mesmo das conferências e simpósios postos à nossa disposição, embora eu saiba que os senhores começam a sentir-se atravancados por convites e por uma invasão de visitantes ocidentais. Ainda assim, a reunificação da linguagem não será suficiente se isto permanecer como uma oportunidade ignorada e não um desafio para praticar a linguagem comum, fazendo-o com freqüência e em toda parte. Muito resta a ser feito, a maior parte pelos senhores mesmos, seus compatriotas e por aqueles nas novas democracias da Europa que estão em busca da estrada para a liberdade.

É difícil ser melhor do que Edmund Burke na conclusão desta carta porque eu, também, "disse-lhe francamente quais eram meus sentimentos." Mas, talvez, Burke tivesse sido um pouco pessimista, porque acrescentou: "Penso que não é provável que eles alterem os seus". Eu, pelo contrário, tenho esperança de que o senhor reconsidere algumas de suas ambições menos convincentes, tais como "Suécia", "terceiro caminho" e "Europa Central". "Tenho pouco para recomendar minha opinião, salvo longa observação e muita imparcialidade... Elas vêm de uma pessoa cuja vida pública, em sua quase totalidade, tem sido uma luta pela liberdade dos outros". Gosto também da maneira como Edmund Burke conclui sua epístola, descrevendo-se como alguém que "quando o equilíbrio do navio em que viaja pode ser posto em perigo pelo excesso de carga em um lado, mostra-se desejoso de levar o pequeno peso de suas razões para aquele que pode preservar o equilíbrio". Haverá maneira mais ponderada de descrever uma visão contra-cíclica das coisas? A liberdade é, acima de tudo, aquilo em que acredito. O objetivo pode ser óbvio, mas o caminho para ele está pleno de armadilhas. Podemos auxiliá-los a escapar de algumas, mas para grande parte delas os senhores terão de usar sua própria energia e senso de finalidade. O resto é sorte. Faço figa e espero pelo melhor. E faço isso de todo coração.

SINCERAMENTE SEU,

R.D.

Oxford
Abril de 1990

Sobre o Autor

Sir Ralf Dahrendorf foi diretor da London School of Economics, dirige atualmente o St. Antony's College, da Universidade de Oxford, e é autor de numerosos livros, inclusive de *O Conflito Social Moderno: Um ensaio sobre a política da liberdade* (Jorge Zahar Editor, no prelo). Dahrendorf nasceu em 1929 na cidade de Hamburgo, filho de um deputado social-democrata do Reichstag preso quando os nazistas subiram ao poder. Em 1944, ele próprio foi preso também pela Gestapo por atividades antinazistas na escola e enviado para um campo de concentração. Após a guerra, recebeu seu título de doutor em filosofia e filologia clássica na Universidade de Hamburgo e um Ph.D. em sociologia pela Universidade de Londres. Tendo ensinado em várias universidades, incluindo Columbia e Harvard, Dahrendorf ingressou na política da Alemanha Ocidental como membro do Parlamento e ministro do governo. Serviu de 1970 a 1974 como um dos Comissários da Comunidade Européia, em Bruxelas, e assumiu a diretoria da London School of Economics após conclusão de seu mandato. Leciona em Oxford desde 1987, onde reside em companhia da esposa, Ellen.